# MARCO
# TUNESIEN

**Reisen mit**
**Insider-Tips**
*Diese Tips sind die ganz speziellen
Empfehlungen unserer Autoren.
Sie sind im Text gelb unterlegt.*

*Sechs Symbole sollen Ihnen
die Orientierung in diesem Führer erleichtern:*

*für Marco Polo Tips – die besten in jeder Kategorie*

*für alle Objekte, bei denen Sie auch eine schöne Aussicht haben*

*für Plätze, wo Sie bestimmt viele Einheimische treffen*

*für Treffpunkte für junge Leute*

**(A1)**
*Koordinaten für die Übersichtskarte*
**(O)** *außerhalb des Kartenbereichs*

*Die Marco Polo Route in der Karte verbindet die schönsten Punkte
Tunesiens zu einer Idealtour.*

*Diesen Führer schrieb Traute Müller.
Sie lebt seit 1954 in Tunesien und hat sich auf unzähligen Reisen
mit Land und Leuten vertraut gemacht.
Die Marco Polo Reihe wird herausgegeben
von Ferdinand Ranft.*

MAIRS GEOGRAPHISCHER VERLAG

# MARCO ⊕ POLO

## Für Ihre nächste Reise gibt es folgende Titel dieser Reihe:

Ägypten • Alaska • Algarve • Allgäu • Amrum/Föhr • Amsterdam • Andalusien • Antarktis • Argentinien/Buenos Aires • Athen • Australien • Bahamas • Bali/Lombok • Baltikum • Bangkok • Barcelona • Bayerischer Wald • Berlin • Berner Oberland • Bodensee • Bornholm • Brasilien/Rio • Bretagne • Brüssel • Budapest • Bulgarien • Burgenland • Burgund • Capri • Chiemgau/Berchtesgaden • China • Costa Brava • Costa del Sol/Granada • Costa Rica • Côte d'Azur • Dänemark • Disneyland Paris • Dolomiten • Dominik. Republik • Dresden • Dubai/Emirate/Oman • Düsseldorf • Eifel • Elba • Elsaß • England • Erzgebirge/Vogtland • Feuerland/Patagonien • Finnland • Flandern • Florenz • Florida • Franken • Frankfurt • Frankreich • Frz. Atlantikküste • Fuerteventura • Galicien/Nordwest-Spanien • Gardasee • Gran Canaria • Griechenland • Griech. Inseln/Ägäis • Hamburg • Harz • Hawaii • Heidelberg • Holland • Hongkong • Ibiza/Formentera • Indien • Ionische Inseln • Irland • Ischia • Island • Israel • Istanbul • Istrien • Italien • Italien Nord • Italien Süd • Ital. Adria • Ital. Riviera • Jamaica • Japan • Java/Sumatra • Jemen • Jerusalem • Jordanien • Kalifornien • Kanada • Kanada Ost • Kanada West • Karibik: Große Antillen • Karibik: Kleine Antillen • Kärnten • Kenia • Köln • Kopenhagen • Korsika • Kreta • Krim/Schwarzmeerküste • Kuba • Lanzarote • La Palma • Leipzig • Libanon • Lissabon • Lofoten • Loire-Tal • London • Luxemburg • Madagaskar • Madeira • Madrid • Mailand/Lombardei • Malediven • Mallorca • Malta • Mark Brandenburg • Marokko • Masurische Seen • Mauritius • Mecklenburger Seenplatte • Menorca • Mexiko • Mosel • Moskau • München • Namibia • Nepal • Neuseeland • New York • Normandie • Norwegen • Oberbayern • Oberital. Seen • Oberschwaben • Österreich • Ostfries. Inseln • Ostseeküste: Mecklbg.-Vorp. • Ostseeküste: Schlesw.-Holst. • Paris • Peking • Peloponnes • Pfalz • Polen • Portugal • Potsdam • Prag • Provence • Rhodos • Rom • Rügen • Rumänien • Rußland • Salzburg/Salzkammergut • San Francisco • Sardinien • Schottland • Schwarzwald • Schweden • Schweiz • Seychellen • Singapur • Sizilien • Slowakei • Spanien • Spreewald/Lausitz • Sri Lanka • Steiermark • St. Petersburg • Südafrika • Südamerika • Südengland • Südkorea • Südsee • Südtirol • Sylt • Syrien • Taiwan • Teneriffa • Tessin • Thailand • Thüringen • Tirol • Tokio • Toskana • Tschechien • Tunesien • Türkei • Türk. Mittelmeerküste • Umbrien • Ungarn • USA • USA: Neuengland • USA Ost • USA Südstaaten • USA West • Usedom • Venedig • Vietnam • Wales • Die Wartburg/Eisenach und Umgebung • Weimar • Wien • Zürich • Zypern • Die 30 tollsten Ziele in Europa • Die tollsten Hotels in Deutschland • Die tollsten Restaurants in Deutschland •

*Die Marco Polo Redaktion freut sich, wenn Sie ihr schreiben:*
*Marco Polo Redaktion, Mairs Geographischer Verlag*
*Postfach 31 51, D-73751 Ostfildern*

Unsere Autoren haben nach bestem Wissen recherchiert. Trotzdem schleichen sich manchmal Fehler ein, für die der Verlag keine Haftung übernehmen kann.

Titelbild: Michael Friedel

Fotos: Edmanson (34); Gierth (71); Hackenberg (60); Hubatka (21, 24, 80); Jensen (27, 72); Kallabis (12); Kühn (48, 94); Mauritius: Bach (17), Mayer (4), Schröter (8), Thamen (82), Thonig (10, 28, 30, 55, 56, 67, 76, 87), Torino (47), Vidler (37, 49, 52, 64), Wesche (32); Müller (6, 18, 33, 83, 84, 88, Anreise); Touristik-Marketing GmbH (23, 31, 40);

7., aktualisierte Auflage 1996 © Mairs Geographischer Verlag, Ostfildern
Lektorat: Gesine Harms
Gestaltung: Thienhaus/Wippermann (Büro Hamburg)
Kartographie: Mairs Geographischer Verlag, Hallwag AG
Sprachführer: in Zusammenarbeit mit Ernst Klett Verlag für Wissen und Bildung GmbH,
Redaktion PONS Wörterbücher

Das Werk einschließlich aller seiner Teile ist urheberrechtlich geschützt. Jede urheberrechtswidrige Verwertung ist ohne Zustimmung des Verlages unzulässig und strafbar. Das gilt insbesondere für Vervielfältigungen, Übersetzungen, Nachahmungen, Mikroverfilmungen und die Einspeicherung und Verarbeitung in elektronischen Systemen.

Printed in Germany
*Gedruckt auf 100% chlorfrei gebleichtem Papier*

# INHALT

**Auftakt: Entdecken Sie Tunesien!** ............................................. 5
*Strand, Wüste und Salzpfannen locken den Besucher
im Land der Berber und Karthager*

**Geschichtstabelle** ................................................................... 7

**Stichworte: Vom Alkohol bis zur Wasserpfeife** ........................ 13
*Tunesien ist durch vielfältige Einflüsse geprägt worden,
was auch der Reisende Tag für Tag bemerkt*

**Essen & Trinken: Nationalspeise ist der Cous-Cous** ................ 25
*Aber auch andere Speisen der arabisch-nordafrikanisch-
französischen Küche sind sehr beliebt*

**Einkaufen & Souvenirs: Teppiche und Kunsthandwerk** ............ 29
*Berberkeramik ist ein originelles, aber leicht
zerbrechliches Souvenir*

**Tunesien-Kalender: Zum Aïd El Kebir gibt es Hammel** ............ 31
*Die meisten tunesischen Feste und Feiertage sind vom Islam
geprägt*

**Nordtunesien: Im Stammland der Karthager** .......................... 35
*Nordtunesien ist zum Teil sehr ursprünglich geblieben,
der Tourismus macht sich wenig bemerkbar*

**Zentraltunesien: Die Salzpfannen heißen Chotts** ................... 57
*Die weiten, salzigen Ödflächen sind kennzeichnend
für Zentraltunesien*

**Südtunesien: Hier beginnt die Sahara** ................................... 73
*Temperaturen von 50 Grad Celsius
prägen und erschweren das Leben der Menschen*

**Praktische Hinweise: Von Auskunft bis Zoll** ........................... 89
*Hier finden Sie kurzgefaßt die wichtigsten Adressen und
Informationen für Ihre Tunesienreise*

**Warnung: Bloß nicht!** .......................................................... 93
*Auch in Tunesien gibt es – wie in allen Reiseländern –
Touristenfallen und Dinge, die man besser meidet*

**Register** ............................................................................. 95

**Was bekomme ich für mein Geld?** ........................................ 96

**Sprachführer Arabisch: Sprechen und Verstehen ganz einfach** ... 97

## AUFTAKT

# Entdecken Sie Tunesien!

*Strand, Wüste und Salzpfannen locken den Besucher
im Land der Berber und Karthager*

Tunesien ist ein beliebtes Urlaubsland. Zwei bis drei Flugstunden von einem europäischen Flughafen entfernt betritt man afrikanischen Boden. Nur das Mittelmeer trennt hier den Okzident vom Orient. Der moderne Flughafen und die Millionenstadt Tunis erscheinen vertraut und können doch nicht darüber hinwegtäuschen, daß man in einer anderen Welt gelandet ist. Zunächst die Sprachen: Arabisch ist die Landessprache, Französisch wird weiter als Umgangssprache beibehalten. Dann die Architektur mit ihren maurischen Elementen, die flachen Dächer, das fast ausschließliche Weiß der Häuser, das helle Licht und der fremdartige Geruch. Palmenalleen führen zur Stadt, ganz gleich, ob Sie in Tunis, Monastir oder Djerba ankommen. Das Straßenbild ist bunt und laut. Moderne Kleidung hat zum großen Teil dem Schleier den Platz streitig gemacht, die Transportmittel Esel und Kamel wurden im ganzen Land nach und nach vom Auto verdrängt. Auf dem Weg zum Hotel Ihrer Wahl werden Sie gleich mit dem seltsamen Fahrstil der Verkehrsteilnehmer konfrontiert. Bei Rot wird nicht unbedingt gehalten, Vorfahrt ist eine Sache der Pferdestärken Ihres Autos; aber keine Angst, es regelt sich alles, manchmal mit Hilfe eines Polizisten und sonst mit dem landesüblichen Fatalismus. Das Straßennetz ist gut ausgebaut, auch im Inneren des Landes sind die Straßen großteils asphaltiert.

Die Küste mit dem weißen Sand und klarem Wasser lädt vor allem Badeurlauber als Gäste ein. Die Touristenhotels am Strand bieten allen Komfort. Für Besucher mit Wohnwagen oder Zelten gibt es bewachte Campingplätze mit allen modernen Einrichtungen.

Alle Hotels und Reisebüros bieten Rundfahrten durch das Land oder Tagesfahrten zu interessanten Orten an. Wer Tunesien besser kennenlernen möchte, braucht Zeit. Dabei ist es am einfachsten, selber motorisiert

*Bei Tunis kann man im alten Karthago auch die Reste einer römischen Therme bewundern*

zu sein. Leihwagen aller Modelle stehen zur Verfügung. Flugverbindungen gehen von Tunis in die Städte Tozeur, auf die Insel Djerba und nach Tabarka an der Nordküste. Züge und Busse verbinden alle größeren Orte miteinander. Außerdem gibt es Überlandtaxis *(Louages)*, die abfahren, wenn sich genügend Passagiere eingefunden haben.

Für archäologisch Interessierte gibt es besonders viel zu entdecken. Die abwechslungsreiche Geschichte Tunesiens hat aus allen Kulturepochen Ruinenstätten hinterlassen: aus vorgeschichtlicher Zeit die Hünengräber von Ellès und die vielen bearbeiteten Werkzeuge aus Feuerstein, die man im Norden und im Süden gefunden hat, aus der punischen Zeit die Stadtmauer, die punischen Häfen von Karthago, das Tophet in Salammbô mit den Stelen der Kinderopfer und die Ruinenstadt von Kerkouane auf Cap Bon. Die Römer bauten den Limes am Saharaand und hinterließen im ganzen Land Kulturstätten wie das Kolosseum in El Djem, das Theater in Dougga, den Kapitolstempel in Thuburbo Majus, die unterirdischen Villen in Bulla Regia, die Thermen in Karthago und den 123 Kilometer langen Aquädukt, der Karthago mit dem Wasser vom Djebel Zaghouan versorgte. Aus der islamischen Epoche stammen Festungen wie das Ribat von Monastir und das von Sousse, alte Stadtmauern und Paläste, dazu Kairouan mit seinen Moscheen und alten Bauten. Die Rückwanderung der Mauren aus Andalusien brachte neue Elemente ins Land und damit eine Auflockerung des Baustils, der Kultur und Musik. Fast 75 Jahre französisches Protektorat sind ebenfalls nicht spurlos vorübergegangen. Die großen Städte bekamen fast alle eine nach französischem Muster angelegte Neustadt. Schulen, Kirchen und Straßen wurden gebaut, Kultur und Bildung von Frankreich gesteuert und beeinflußt. Nach der Unabhängigkeit 1956 begann die Entwicklung des modernen Tunesiens.

Tunesien wurde Republik, erster Staatspräsident war Habib Bourguiba, die Neo-Destour alleinherrschende Partei. Die Abschaffung der religiösen Gerichtsbarkeit, die Einführung der allgemeinen Schulpflicht, die Gleichstellung der Frau und das Verbot der Polygamie, dazu besserer Arbeitslohn und Sozialgesetze wurden proklamiert. In den großen Städten wurden Universitäten gegründet, es entstand eine neue, rein tunesische Gesellschaft. Das Ausland wurde aufmerksam, und Investitionen in Wirtschaft und Tourismus

*Eine römische Ölpresse*

# AUFTAKT

# Geschichtstabelle

**Ca. 3000 v.Chr.**
Besiedlung durch Berberstämme

**um 1200 v.Chr.**
Phönizische Seefahrer gründen Niederlassungen

**814 v.Chr.**
Gründung Karthagos durch Königin Didon aus Tyrus

**520-310 v.Chr.**
Karthago wird selbständige Großmacht mit Besitz in Sizilien, Spanien und Schwarzafrika

**264-241 v.Chr.**
Erster Punischer Krieg gegen Rom, Verlust von Sizilien

**218 v.Chr.**
Hannibal überquert mit 37 Elefanten die Alpen

**218-201 v.Chr.**
Zweiter Punischer Krieg gegen Rom, Verlust Spaniens

**149-146 v.Chr.**
Dritter Punischer Krieg. Karthago, von den Römern völlig zerstört, wird zur römischen Provinz

**439-539 n.Chr.**
Herrschaft der Vandalen

**647-665**
Arabische Invasoren erringen bei Sbeitla erste Siege gegen die Byzantiner

**670**
Gründung Kairouans durch Oqba Ibn Naafi, Gouverneur Ifriqiyas

**700**
Beginn der arabischen Herrschaft

**800-909**
Dynastie der Aghlabiden, wirtschaftliche und kulturelle Blütezeit Ifriqiyas

**1160**
Tunis Hauptstadt des Landes

**1229-1574**
Tunis gelangt zu Wohlstand und Ansehen. Rückwanderung der Mauren aus Andalusien

**1535**
Karl der Fünfte erobert Tunis für Spanien

**1574**
Sinan Pacha erobert Tunis für das Osmanenreich

**Mitte 19. Jahrhundert**
Fortschreitender wirtschaftlicher Verfall und zunehmender Einfluß aus Europa

**1881**
Tunesien wird französisches Protektorat

**20. März 1956**
Tunesien wird unabhängig

**1957**
Tunesien wird Republik mit Habib Bourguiba als erstem Staatspräsidenten

**1981**
Bourguiba befürwortet ein Mehrparteiensystem und erste freie Wahlen

**7. November 1987**
Zine El Abedine Ben Ali wird neuer Staatspräsident

**Mai 1993**
Bundespräsident von Weizsäcker besucht Tunesien

*Beduinen auf dem Wochenmarkt in Sousse*

brachten die ersten Erfolge. Entwicklungshilfe kam besonders Industrieprojekten und dem Umweltschutz zugute. Zine Abedine Ben Ali, der 1987 den kranken Bourguiba ablöste, hat weiter liberalisiert, privatisiert. Tunesien ist trotz seiner Probleme (Arbeitslosigkeit, Fundamentalismus) eine Art Musterland in Afrika.

Landschaftlich ist Tunesien sehr vielfältig gestaltet. Die grünen Eichenwälder im Nordwesten, wo jedes Jahr im Winter Schnee fällt; die dichte Mittelmeermacchie der Mogoden mit ihren Erdbeerbäumen, der Steineiche und dem Mastixstrauch sind der Lebensraum von Atlashirsch, Wildschwein und Wildkatze, sogar Kuckuck und Eichelhäher kommen vor. Die Menschen, zum Teil Nachkommen der Numider, sind freundlich, aber verschlossen.

Die weiten, fruchtbaren Hügel und Ebenen des Medjerdatales mit ihren großen Feldern sind Mittelpunkt der tunesischen Landwirtschaft. Mähdrescher, Traktoren und Pflüge sind hier selbstverständlich. Die manuelle Feldarbeit wird von Frauen verrichtet. Mit ihrer traditionellen Kleidung und dem schönen Schmuck bringen sie etwas Volkstümliches in die Landschaft. Überall auf den Feldern sind im Sommer Störche zu sehen. Sie nisten in Ruhe auf Hausgiebeln, Moscheen und alten Eukalyptusbäumen. Über den heißen Asphaltstraßen kreisen Schmutzgeier, Gabelweihen und Falken, um überfahrene Kleintiere zu erbeuten.

Weiter nach Süden erheben sich die Berge der tunesischen Dorsale von Thala bis zum Cap Bon. Es sind die Ausläufer des Saharaatlas aus Algerien, für Tunesien die Grenze vom feuchten Mittelmeerklima zum trokkenen Kontinentalklima der Sahara. Die Aleppokiefer, der phönizische Wacholder und Thuiazypressen sowie Rosmarin und Thymian wachsen auf diesen Bergen, die fast alle höher als

# AUFTAKT

1000 Meter sind. Aus Rosmarin werden Essenzen gewonnen wie auch aus Thymian und der Myrte. Berggazellen, Stachelschweine, gestreifte Hyänen, viele Greifvögel wie Steinadler, Uhus und Wanderfalken leben hier. In den höher gelegenen Gegenden bei Siliana und Maktar sowie Kasserine werden Äpfel und Kirschen angebaut. Wein wächst vor allem im Nordosten des Landes bei Bizerte, Mateur, im Medjerdatal, am Cap Bon und an den niedrigeren Hängen der Dorsale.

Das Cap Bon ist der Obst- und Gemüsegarten des Landes. Diese fruchtbare Halbinsel ist daher stark besiedelt. Im Golf von Hammamet liegen kilometerlange Sandstrände mit Touristen-Hochburgen wie Nabeul und Hammamet. Das milde Meeresklima und der fast exotische Pflanzenwuchs machen diese Erholungsorte besonders attraktiv. Im Hinterland gedeihen Zitrusfrüchte aller Art. Orangen-, Mandarinen- und Zitronenplantagen versorgen nicht nur Tunesien reichlich mit Früchten, sondern deren Produkte werden auch auf dem europäischen Markt gern gekauft. Hier gedeihen außerdem Feigen, Granatäpfel und Weintrauben. Die Blumen und blühenden Sträucher dienen der Destillation von ätherischen Ölen wie Rosen-, Jasmin-, Geranien und Orangenblütenöl sowie dem für jede Parfümherstellung benötigten Bergamotteöl. Die Nordwestküste des Cap Bon ist landschaftlich großartig mit ihren steilen, zerklüfteten Felsen und einsamen Badebuchten. Dort liegen die Thermalstationen Korbus und Aïn Oktor mit Heißwasserquellen von 44 bis 60 Grad.

Die Hochebenen von Sbeitla bis Gafsa mit ihren Alfagrassteppen haben ein hartes Klima. Im Sommer herrscht hier große Hitze mit heißen Winden, im Winter dagegen Eiseskälte.

Nomaden in ihren dunklen Zelten mit ihren Schaf- oder Ziegenherden trifft man überall an. Sie ziehen im Sommer in den Norden, um dort auf den abgemähten Feldern ihre Tiere zu weiden. Im Winter, wenn es geregnet hat und frisches Gras wächst, sind sie wieder im Süden.

Die Bergketten des Südens sind trocken und kahl; bis auf die Bergoasen Tamerza, Midès und Chebika in den Phosphatbergen des Westens oder Toujane, Ghoumrassen, Chenini und Douirat in den Matmata-Bergen im Südosten können Menschen hier kaum noch leben. Der frühere Baum- und Strauchbestand

---

### Die Marco Polo Bitte

Marco Polo war der erste Weltreisende. Er reiste in friedlicher Absicht, verband Ost und West. Er wollte die Welt entdecken, fremde Kulturen kennenlernen, nicht zerstören. Könnte er für uns Reisende des 20. Jahrhunderts nicht Vorbild sein? Aufgeschlossen und friedlich sollte unsere Haltung auf Reisen sein. Dazu gehören auch Respekt vor Mensch und Tier und die Bewahrung der Umwelt.

wurde für Feuerholz abgeschlagen und der Pflanzenwuchs durch starke Überweidung zerstört. Bei heftigen Regenfällen hat das Wasser keinen Halt mehr und ergießt sich in zerstörenden Sturzbächen über Ebenen und oft auch Ortschaften. Pflanzprogramme und Maßnahmen gegen die Erosion werden vom Staat vorangetrieben. In unzugänglichen Teilen der Berge leben Mähnenschafe und viele Greifvögel.

Südlich der Berge, die sich in westöstlicher Richtung durch das Land ziehen, beginnt die große Senke der Chotts. Die Chott-Senke, die bis weit nach Algerien reicht, wird als »Nordafrikanischer Grabenbruch« bezeichnet. Nordafrika schiebt sich unter den europäischen Kontinent, die Chotts sind Knickstellen. Die großen Salzpfannen des Chott El Rharsa (der 17 Meter unter dem Meeresspiegel liegt), des Chott El Djerid und des Chott Fedjadj trocknen regelmäßig aus. Die dicke Salzschicht ist extrem lebensfeindlich. Nach starken Regenfällen verwandeln sich die Chotts in riesige Seen, und Tausende von Watvögeln und Flamingos kommen zum Brüten. Am Rande der Chotts tritt oft süßes Wasser an die Oberfläche, hier sind fruchtbare Oasen entstanden: Tozeur, Nefta, Kebili und Douz. Die unbewohnten Randzonen der Salzpfannen sind das Lebensgebiet einer Großzahl von Wildtieren. Hier gibt es Gazellen, Füchse, Schakale, Wüstenrennmäuse, Warane, Sandvipern, Lerchen und Kragentrappen.

Südlich der Salzpfannen beginnt die Wüste mit den Sanddünen. Menschen wohnen hier selten, und nur ab und zu trifft man auf Nomaden mit ihren Dromedarherden. Vermummt in ihre Burnusse, schützen sie sich gegen die Hitze. Im Sommer können die Temperaturen auf über 50 Grad im Schatten steigen. Der heiße Schirokko und die Sandstürme lassen die Wüste zur Hölle werden. Bei der Suche

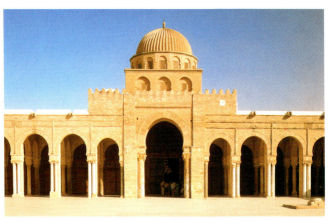

*Wirkt wie eine Festung: die Große Moschee in Kairouan*

## AUFTAKT

nach Erdöl wurde an manchen Stellen Wasser gefunden. Um diese Wasserstellen wachsen künstlich angelegte Oasen, wie etwa die in Redjem Maatoug, südwestlich des Chott El Djerid. Mit Hilfe der Armee ist hier eine Oase mit 200 000 Dattelpalmen entstanden.

Der Große Erg erstreckt sich bis in das Länderdreieck Algerien, Libyen und Tunesien. Hier liegt Bordj El Khadra, die südlichste tunesische Ansiedlung. Der Große Erg ist ganz und gar ohne Menschen und Wasser. In manchen Jahren fällt überhaupt kein Regen, und die Sanddünen können über 70 Meter hoch werden. Und doch gibt es hier Gräser, Sträucher und sogar Bäume. Die seltenen Dünengazellen finden hier Zuflucht, es gibt Wüstenfüchse sowie Sand- und Hornvipern.

Tunesien besitzt etwas über 1200 Kilometer Küste mit steilen und schroffen Felsen im Norden und am Cap Bon sowie herrlichen Sandstrände zwischen Hammamet und Djerba. An der Küste lebt man vom Fischfang und vom Tourismus. Die großen Städte des Landes liegen meist am Meer; hier ist die Industrie angesiedelt, und in den Häfen wird der Warenaustausch mit dem Ausland abgewickelt.

Die klimatischen Veränderungen, jetzt weltweit zu beobachten, sind auch in Tunesien festzustellen: Trockenperioden im Norden, Regen im Süden, sogar im Sommer. Trotzdem gibt es klimatische Regeln, mit denen man rechnen kann: Von Juli bis September ist bestimmt Sommer, dann wird es sehr heiß, vor allem im Inneren und im Süden des Landes. Selbst die Nächte können manchmal unerträglich sein, besonders wenn der Schirokko mit über 40 Grad Celsius aus dem Süden weht. Die Wassertemperatur des Meeres liegt dann bei 25 Grad Celsius. Auch bei Sonnenhitze macht eine kühle Brise vom Meer den Aufenthalt am Strand angenehm. Klimatisch sind der Oktober und November am günstigsten, unempfindliche Schwimmer können sogar noch im Dezember baden. In diesen Monaten ist auch in Tunesien Herbst. Dunkelrote Granatäpfel kommen auf den Markt, und die Blätter der Weinreben färben sich rot und gelb, um bei den kühlen Winden aus dem Norden abzufallen. Der Winter beginnt Ende Dezember, und die Monate Januar und Februar sind kalt und regnerisch. Im Nordwesten und in Höhen von mehr als 800 Metern schneit es fast jedes Jahr. Der Schnee bleibt selten länger als einige Tage liegen. Bei Sonnenschein und im Windschatten wird es jedoch schnell angenehm warm. Die Wintermonate und der Vorfrühling sind geeignet, um Touren in die Sahara oder Kameltrekking zu unternehmen. Im März und April ist das Wetter trügerisch, warme Sonne, Regen und kalter Wind wechseln sich ab. Vorsicht beim Sonnenbaden! In diesen Monaten blüht der Norden Tunesiens in allen Farben, und Fahrten durch die Mogoden und das Medjerdatal sind eine Augenweide. Einen richtigen Frühling wie in Europa gibt es nicht. Der Wechsel vom Winter zum Sommer vollzieht sich im Mai fast übergangslos.

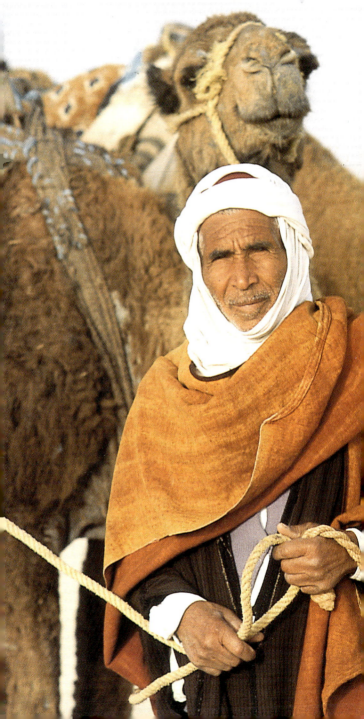

## STICHWORTE

# Vom Alkohol bis zur Wasserpfeife

*Tunesien ist durch vielfältige Einflüsse geprägt worden, was auch der Reisende Tag für Tag bemerkt*

### Alkohol

Tunesien ist ein islamisches Land, und der Koran verbietet den Alkoholgenuß. Strenggläubige Moslems halten sich an dieses Verbot. Der Alkoholverkauf ist ab 12 Uhr mittags bis 8 Uhr abends in Geschäften und Bars mit Alkohollizenz erlaubt, außer am Freitag, dem arabischen Wochenfeiertag. Trotzdem werden Alkoholika konsumiert. Bier und Wein für die bescheidenere Gesellschaftsschicht, Whisky dagegen ist das Lieblingskind der besser gestellten Kreise. In Touristenhotels und guten Restaurants können Sie jederzeit Ihren Drink bekommen.

### Arabische Musik

Der Tunesier liebt die Musik. Die arabische Musik, die der Besucher hier auf der Straße und in den Familien hört, hat nichts mit der Musik des Okzidents gemeinsam. Sie ist verbunden mit den Traditionen des islamischen

*Für die Nomadenstämme Tunesiens ist das Dromedar ein wichtiges Transportmittel*

Weltreichs und der islamischen Religion. Ihre historische und geographische Heimat ist Bagdad. Von dort floh Zyriab, der geniale Musiker, im 9. Jh. ins maurische Spanien. Die im 13. Jh. aus Andalusien zurückkehrenden Moslems brachten seine Musik mit nach Nordafrika. Trotzdem hat eine bestimmte Form der klassischen Musik, der Malouf, nichts mit spanischem Flamenco zu tun. Der Malouf, zunächst die klassische Musik für die bürgerliche und städtische Bevölkerung, entwickelte sich mit der Zeit zum populären Gesang für den Mann auf der Straße. Oft sind die Lieder, die man heutzutage hört, ägyptischer Herkunft. Die Musik ist sehr rhythmisch, aber für uns erscheint sie zunächst aufdringlich und unverständlich. Sie begründet sich immer aus der Melodie, niemals aus der Harmonie. So wird sie in Moll und nicht in Dur geschrieben. Zum klassischen Malouf gehören Zither, Mandoline, Geigen, Lauten, Flöten, eine Schellentrommel und die *Darbouka*, eine mit Tierhaut bespannte, kürbisförmige Trommel. Auf dem Land ist die Darbouka, das Hauptinstrument, lauter und rhythmischer zu hören, *Zummara* (Bauernflöte) und Trommeln ergeben zusammen eine eigenartige Musik. Je weiter man in den Süden kommt, desto größer wird der afrikanische Einfluß in der ländlichen Musik.

### Bauchtanz
Bauchtanzdarbietungen sind äußerst beliebt. Immer mehr Restaurants engagieren für den Abend eine orientalische Musikgruppe mit Bauchtänzerinnen zur Unterhaltung ihrer Gäste. In den Hotels gelten diese Vorführungen als Höhepunkt der Touristenattraktionen. Die rhythmischen Bewegungen, für die wir stundenlang üben müßten, beherrscht jedes Kind auf der Straße vollendet. Der Tanz ist nicht nur ein erotisches Schauspiel, hier drückt sich auch pure Lebensfreude aus. Wenn auf einem Fest die Schläge der *Darbouka* zu hören sind, klatschen die Umstehenden im Takt. Tänzerinnen finden sich immer.

### Berber
Die Berber sind die Urbevölkerung Tunesiens. Vor mehr als 5000 Jahren besiedelten sie aus Süd- und Osteuropa sowie der Sahara kommend den Maghreb. Später zogen sie sich vor den verschiedenen Eroberern in die Berge zurück und lebten von Landwirtschaft und Viehzucht. Als gute Reiter wurden die Berber oft von fremden Herren für Kriegszüge angeheuert. Im 7. Jh. begann die Islamisierung und Arabisierung. Geblieben ist die Treue zu den Marabuts, den Heiligen mit ihren religiösen und magischen Riten. Ein der Zenate-Gruppe Zugehöriger, überlieferter Berberdialekt ist im Westen und Süden des Landes lebendig. Frauen haben bei Berbern einen hohen Stellenwert.

### Bourguiba
Habib Bourguiba war der erste Staatspräsident nach der Unabhängigkeit Tunesiens. Schon 1934 gründete er die Neo-Destour-Partei. Mit seinen Anhängern führte er den Kampf um Tunesiens Freiheit. 17 Jahre seines Lebens verbrachte er dafür in Gefängnissen. 1956 lösten die Franzosen das Protektorat auf und gaben das Land frei. Der letzte Bey dankte 1957 ab, und Bourguiba wurde Präsident der Republik. Er kümmerte sich nicht nur um die große Politik, sondern auch um die Alltagsprobleme der Tunesier. Fortschritt und Entwicklung der Industrie und Landwirtschaft, die Emanzipation der Frau und die Familienplanung lagen ihm genauso am Herzen wie das Wohlbefinden und der Gehorsam der tunesischen Bevölkerung, deren Kleidung und Benehmen. Jeden Abend wurden über Radio und Fernsehen *les directives du Président* gesendet. Habib Bourguiba war der Vater der Nation und ihr *Combattant suprême* (oberster Kämpfer). Politische Gegner hatten keine Chancen, sie saßen entweder im Gefängnis oder im Exil. Ab 1981 versuchte er durch Liberalisierung, Zulassung des Mehrparteiensystems und erste freie Wahlen das Vertrauen des Volkes zu behalten. Als er wegen Altersschwäche unfähig wurde, weiter zu regieren, übernahm sein damaliger Premierminister

# STICHWORTE

Zine El Abedine Ben Ali am 7. November 1987 die Regierung.

## Frauenbewegung

Tahar Haddad war der erste Frauenrechtler in Tunesien. Schon 1930 begann er, für die Unabhängigkeit der Frauen einzutreten. Bourguiba führte ab 1956 diese Bestrebungen fort. Die UNFT, Union des Femmes Tunisiennes, eine Frauenbewegung, die damals einmalig in der arabischen Welt war, stammt aus dieser Zeit. Das alte Erbrecht wurde abgeschafft, und das Wahlrecht wurde den Frauen zugesprochen.

Frauen können mittlerweile öffentliche Ämter bekleiden und Berufe ausüben, die früher nur Männern offenstanden. Die in Europa fortschreitende Emanzipation blieb auch in Tunesien nicht ohne Wirkung. Doch alle Zugeständnisse galten in erster Linie nur für die städtische Bevölkerung. Auf dem Lande kann die Frau ihre Rechte nach wie vor kaum geltend machen. Für häusliche Arbeit werden Mädchen immer noch von der Schule ferngehalten, ihr Erbe wird weiterhin zugunsten ihrer Brüder geschmälert, und bei einer eventuellen Scheidung liegt die Schuld immer bei der Frau. Frauen mit unehelichen Kindern waren bis vor kurzem völlig rechtlos, und ihre Kinder hatten keinen sozialen Status. Um der islamischen Bewegung, die die Rechte der Frauen wieder in Frage stellt, entgegenzuwirken, wurde bereits vor einigen Jahren die Bewegung der demokratischen Frau gegründet und am 6.8.1989 offiziell zugelassen. Ihre Mitglieder sind Frauen aus der intellektuellen Oberschicht wie Ärztinnen, Soziologinnen, Juristinnen und Professorinnen.

## Gastfreundschaft

Die orientalische Gastfreundschaft ist nach wie vor ein ungeschriebenes Gesetz. Sie ist nicht zu verwechseln mit der Aufdringlichkeit, die sich in Touristenzentren breitgemacht hat.

## Gebet

Sechsmal am Tag ruft der Muezzin zum Gebet. Fünf Gebete soll jeder Muslim am Tag verrichten. Das erste Gebet vor Sonnenaufgang *salat el fejer* ist eine Zugabe, vom Propheten erwünscht. Der Ruf »Beten ist besser als Schlafen« schallt jeden Morgen übers Land. Früher stand der Muezzin höchstens mit einem Sprachrohr auf seinem Minarett, während jetzt fast überall ein Band abläuft und mit enormer Lautsprecherkraft die Müßigen ermahnt oder andere aus dem Schlaf holt. Gläubige, die keine Möglichkeit haben, in die Moschee zu gehen, können zu Hause ihr Gebet sprechen.

## Golf

Tunesien verfügt mittlerweile über sieben Anlagen, die von Weltklassespielern konzipiert wurden. Alle verfügen über mindestens 18 Löcher. Die neueste Anlage, in Tabarka, befindet sich direkt am Strand. Sie finden Plätze in: Tabarka, La Soukra/Ariana (bei Tunis), Hammamet, Port el Kantaoui, Monastir und Djerba.

## Hammam

Hammam ist das maurische Bad, auch *Bain-Maure* genannt. In jedem Stadtviertel und in allen Dörfern gibt es diese Badehäuser. Sie sind gut besucht, der Koran schreibt Sauberkeit vor. In vielen Häusern gibt es kein Badezimmer, nicht immer warmes, wenn überhaupt fließendes Wasser. Man erkennt die Bäder an ihren kuppelartigen, grünen Gewölben und den vielen bunten Tüchern, die auf dem Dach trocknen. Wenn keine natürlichen Thermalquellen das Wasser spenden (wie in Korbus, Hammam-Lif u. a.), sorgen große Kessel für Dampf und heißes Wasser, mit dem man sich begießt. Dabei wird langsam vom heißen zum lauwarmen und kalten Wasser übergegangen. Für ein kleines Aufgeld kann man eine Massage über sich ergehen lassen und sich hinterher auf Ruhebetten in Nebenräumen ausruhen. Es ist auf jeden Fall eine anstrengende, wenn auch erholsame Zeremonie. Samthaut nach dem Bad ist garantiert. Männer und Frauen haben getrennte Besuchszeiten.

## Hatim El Mekki

Eine der bekanntesten Persönlichkeiten in der tunesischen Künstlerwelt ist Hatim El Mekki. Er wurde 1918 in Djakarta in Indonesien geboren. Seine Mutter war Indonesierin und sein Vater Tunesier. Mit sechs Jahren kam er nach Tunesien. Seine asiatische Abstammung sieht man ihm an, und so ist er auch äußerlich eine nicht zu übersehende Erscheinung. In der nationalen und internationalen Philatelie ist er durch seine originellen Briefmarken bekannt und beliebt. Jede Marke ist ein kleines Kunstwerk. Seine Arbeiten zeichnen sich durch ironische, zum Teil zum Schmunzeln veranlassende und immer qualitätvolle Darstellungen aus. Die Entwürfe der Geldscheine und des Metallgeldes stammen ebenfalls von ihm. Dadurch kommen alle Tunesien-Besucher auch ohne ihr Wissen mit ihm indirekt in Berührung. Seine Bilder sind um die Welt gegangen. Sogar in Bonn, Berlin und Mannheim hat er schon ausgestellt und bekam ausgezeichnete Kritiken. Zwei Kunstbücher mit seinen Werken sind inzwischen erschienen.

In diesem Zusammenhang sollen junge tunesische Künstler nicht vergessen werden, die seinen Spuren folgen, wie z. B. Majda Ben Ammar oder Mohammed Lotaief.

## Hinterglasmalerei

Es gibt in Tunesien eine Form der naiven Bildkunst: die Hinterglasmalerei. Sie gelangte 1856 nach dem Krimkrieg über die Türkei ins Land. Bald entwikkelte sie sich hier in allen Städten, aber vor allem in Sfax wurde sie zur Volkskunst erhoben. Aus Sfax stammt der bekannteste Meister dieser Kunstgattung, Feriani, der Ende des 19. Jahrhunderts dort lebte. Diese Kunst findet heute großes Interesse bei den Touristen, so daß Ateliers entstanden sind, in denen ausschließlich solche Bilder hergestellt werden. Technik und Motive sind unverändert geblieben. Die Motive stammen aus der arabischen Mythologie, es werden Heldentaten, das galante Leben, Eifersuchtsszenen, religiöse Begebenheiten, Phantasmen sowie Szenen aus Tausendundeiner Nacht geschildert.

# STICHWORTE

*Die Trachten der Frauen auf Djerba sind besonders farbenfroh*

## Hochzeit

Die Hochzeit ist im Leben jeder tunesischen Frau das entscheidende Ereignis. Wochenlange Vorbereitungen und Familiendebatten gehen ihm voraus. Die Braut wird vor der Zeremonie an Händen und Füßen mit Henna verziert; daß sie jungfräulich ist, wird immer noch verlangt. Der Brauch, das blutbefleckte Nachthemd der Mutter zu übergeben, wird in den Großstädten immer seltener. Vom Bräutigam wird keinerlei Enthaltsamkeit gefordert. Während des Festes sitzen Braut und Bräutigam schön geschmückt auf einem Thron, die Gäste um sie herum tanzen und singen. Eine genaue Aufteilung der Ausstattung ist die Regel: Die Braut sorgt für Hausrat und Wäsche, der Bräutigam für Wohnung und Mobiliar. Vor allem ein gut eingerichtetes Schlafzimmer entspricht den Vorstellungen der Familie, dazu Gold und Silberschmuck. Heiraten ist für viele Männer oft mit enormen Geldsorgen verbunden.

## Islam

Die Staatsreligion in Tunesien ist der Islam, der sich zu Allah, dem einzigen Gott und Schöpfer aller Dinge bekennt. Mohammed ist sein Prophet. Abraham, Jakob, Moses und Jesus werden ebenfalls als Propheten des Islam anerkannt. Der Koran (als Grundlage des Glaubens) gilt allerdings in Tunesien nicht mehr, wie in vielen anderen arabischen Ländern, als Gesetzbuch. Die

Rechtsprechung geschieht nach europäischen Normen. Die konservativen Fundamentalisten, die im Maghreb »Integristen« genannt werden, sind damit keineswegs einverstanden: Sie sind gegen die Leistungs- und Konsumgesellschaft eingestellt, die von der zur Zeit amtierenden Regierung propagiert wird, und möchten als politische Partei zugelassen werden.

### Kirchen
Am Ende des französischen Protektorats und der darauf folgenden Abwanderung von Europäern schlossen viele Kirchen. Es blieben sechs katholische Gotteshäuser bestehen, dazu existieren in Tunis noch je eine calvinistische, anglikanische und eine russisch-orthodoxe Kirche. Eine ebenfalls russisch-orthodoxe Kirche steht in Bizerte. Die anderen katholischen Kirchen befinden sich in Bizerte, La Marsa, Sousse, Sfax und in Houmt Souk.

*Grabmal eines Heiligen: ein Marabut*

### Kleidung
Die Tunesier sind sehr modebewußt. Vor allem in den Städten wird auf schicke Kleidung Wert gelegt. Hosen sind bei Frauen keine Seltenheit. Im Sommer zum Ausgehen tragen die Herren gerne eine reich bestickte *Chebba*. Bei Touristen wird legere Kleidung toleriert. Für Museums- und Moscheenbesuche ist korrekte Kleidung angebracht.

### Marabuts
Die Ureinwohner des Landes, die nach der arabischen Invasion zum islamischen Glauben übertraten, paßten ihre animistischen Bräuche dem neuen Glauben an. Ein Relikt aus dieser Zeit sind die Marabuts. Es sind heilige Männer (manchmal auch Frauen), die in jeder kritischen Lage um Rat gefragt werden und als Vorbilder in der Gesellschaft leben und verehrt werden. Ihre Grabstätten heißen ebenfalls Marabuts. Dabei handelt es sich um einfache, weiße Bauten, oft mit Kuppeldach – Pilgerstätten, zu denen von weit her Anhänger kommen. So bildet sich eine fest zusammengeschweißte Gemeinschaft.

### Moscheen
Nur außerhalb der Gebetszeiten dürfen Ungläubige in der heiligen Stadt Kairouan und an einigen anderen Orten den Hof einer Moschee betreten. An Festtagen sind diese rund um das Minarett hell beleuchtet. Der Gebetssaal der Moscheen ist mit Teppichen und Matten ausgelegt, die man niemals mit Schuhen betreten darf. Ein Säulengang führt zur *Minbar*

# STICHWORTE

(Kanzel) und dem *Mihrab* (Apsis), die beide nach Mekka ausgerichtet sind. Im Vergleich zu vielen christlichen Kirchen wirken die Innenräume der Moscheen auf den ersten Blick schmucklos, da der Koran die Abbildung von Mensch und Tier verbietet. Einziger Schmuck sind Arabesken und Kalligraphien. Die Moscheen beeindrucken durch die Schlichtheit der Architektur.

## Nationalparks

Im ganzen Lande wurden und werden Nationalparks angelegt. Die drei wichtigsten werden unter den jeweiligen Orten einzeln beschrieben: Ichkeul bei Bizerte, Chambi bei Kasserine und Bou-Hedma zwischen Gafsa und Gabès.

## Naturtourismus

Für Schnorchler bieten die Küsten Tunesiens paradiesische Möglichkeiten. Die Unterwasserwelt ist faszinierend – vor allem an felsigen Küsten. An der Nordküste bei Tabarka ist das Wasser an windstillen Tagen oft so klar, daß nur schwindelfreie Schwimmer in die Tiefe schauen können. Mit Maske und Schnorchel versehen, meint man bei über 10 Meter Tiefe in der Luft zu fliegen. Schon von weitem sind die Meerbrassen, Flughähne und Wolfsbarsche zu sehen. Interessant wird es an den Steilwänden der Küste oder bei großen, auf dem Meeresboden liegenden Felsbrocken. Über ein Meter große Zackenbarsche leben unter Felsdecken, und in Löchern, die mit Steinen geschützt sind, kann man häufig Kraken erkennen. Muränen trifft man bei jeder Schnorcheltour an, sie sind neugierig und kommen aus den Spalten der Felsen. Rote Seesterne, Stachelrochen und Streifenbarben liegen auf den Sandböden. An der Küste, die an seichteren, felsigen Stellen mit roten, gelben und grünen Algen bewachsen ist, schwimmen Schwärme von leuchtend blauen Mönchsfischen. Meerjunker und Meerpfauen erwecken mit ihren bunten Farben immer wieder die Aufmerksamkeit des Tauchers. Frech sind die grünen, roten oder blauen Lippfische. Aber aufgepaßt, überall gibt es Seeigel mit spitzen, schwarzen Stacheln!

Die Unterwasserwelt der Felsenküste zwischen Sidi-Daoud und El Haouaria am nördlichen Cap Bon ist wieder ganz anders. An den Felsen dicht unter der Wasseroberfläche leben dunkelrote Erdbeerrosen. Etwas tiefer wachsen riesige Wachsrosen. Fast in jedem kleinen Loch sitzt ein Schleimfisch und schaut Sie neugierig an. Am auffallendsten aber sind die orangefarbigen Sternkorallen, die unter Felsvorsprüngen sitzen. Auch an diesem Strand bereitet die Vielfalt der bunten Algen, die sich leicht im Wasser wiegen, ein Erlebnis.

Für Ornithologen ist Tunesien ein Paradies. Die Vogelwelt wird durch den afrikanischen Kontinent, die Küste, durch Berge, Wälder, Steppen und die Sahara bestimmt. Dazu kommt die günstige Lage des Landes für den Vogelzug zwischen Europa und dem südlichen Afrika. El Haouaria, der nördlichste Punkt des Cap Bon, ist das Hauptdurchzugsgebiet der Zugvögel. Im Herbst, während der starken Nord- und Nordostwinde, können hier Tausende von Vögeln wie Bussarde, Adler, Falken, Kraniche und Hunderttausende von kleinen Singvögeln beobachtet werden. Sie fliegen nach kurzer Rast weiter in den Süden oder verteilen sich in Tunesien. Im Frühjahr ist das Cap Bon noch interessanter, denn alle großen Vögel nutzen hier die Aufwinde der steilen Felsküste, um Höhe zu bekommen und dann nach Europa zu fliegen. Der Nationalpark Ichkeul ist ein weiteres Sammelgebiet für Zugvögel. Hier kommen vor allem Enten, Bläßhühner und die Graugänse aus dem Osten Deutschlands vor. Bis zu 20 000 Gänse versammeln sich hier. Die Salzseen oder Sebkhas sind das Biotop für Flamingos. Mehr als 27 000 Flamingos leben in Tunesien. Gut zu beobachten sind sie auf den Salzseen um die Stadt Tunis oder in den Salinen von Tina bei Sfax. Auf der Strecke zwischen Enfida und Kairouan fliegen im Winter beim Sonnenaufgang sogar Tausende von Graukranichen zu ihren Futterplätzen und kehren abends vor Sonnenuntergang wieder zurück. Von weitem kann man schon ihr Geschrei hören.

Wenn Sie an Störchen interessiert sind, lohnt sich eine Fahrt in den Nordwesten mit seinen herrlichen Naturlandschaften. In Sedjenane und bei Béja nisten mehr als 500 Paare. Sie kommen im Frühjahr aus Westafrika und fliegen im August mit ihren Jungen wieder zurück. Entlang der Küste zwischen Sfax und Gabès ist der Strand sumpfig und veralgt. Er ist ein Paradies für Watvögel, Löffler, Enten, Möwen und Kormorane. Von der Straße, die nicht sehr weit parallel zum Meer verläuft, gibt es immer wieder befahrbare Wege, die zur Küste führen: Sommers wie winters sind dort Vögel zu beobachten.

Im Süden des Landes wird das Leben der Vögel durch die Wüste geprägt. Lannerfalken, Kragentrappen, Flughühner,

### Ein wenig Arabisch

| | | | |
|---|---|---|---|
| *Aïd* | Fest | *Marabout* | Grabstätte eines Heiligen |
| *Aïn* | Quelle | | |
| *Bab* | Tor | *Medina* | Altstadt, arabisches Wohnviertel |
| *Bey* | Herrscher, König | | |
| *Bir* | Brunnen | *Medersa* | Koranschule |
| *Bordj* | Burg, Festung | *Mihrab* | Gebetsnische einer Moschee |
| *Chott* | Salzsee | | |
| *Dar* | Haus | *Minarett* | Turm der Moschee |
| *Djama* | Moschee | *Minbar* | Kanzel der Moschee |
| *Djebel* | Berg, Gebirge | *Oued* | Fluß |
| *Fondouk* | Herberge | *Ramadan* | Fastenmonat, 9. Monat |
| *Ghorfa* | Tonnengewölbe, Vorratsraum, Zimmer | *Ribat* | Klosterburg |
| | | *Sebkha* | kleiner Salzsee |
| *Kasbah* | Burg, Regierungssitz | *Souk* | Bazar, Markt |
| *Ksar* | befestigter Ort | *Zaouia* | Gedenkstätte eines Heiligen |
| *Malouf* | Folkloremusik | | |

# STICHWORTE

Wüstenlerchen, Wüstenrennvögel, aber auch Saharasteinschmätzer und Wüstengimpel mit ihrem dunkelroten Schnabel können beobachtet werden. Eine Wüstenfahrt, bei der man sogar Gazellen begegnen kann, führt von Douz nach Ksar Ghilane, wo es auch eine Übernachtungsmöglichkeit gibt. In Ksar Ghilane leben Wüstensperlinge und Hausammern. Die Dünen des großen Erg beginnen hier. Von dort geht es weiter nach Tataouine und dann über Médénine nach Djerba oder Gabès an die Küste. Diese Fahrt kann nur mit einem guten Geländewagen unternommen werden. Es ist sehr ratsam, mit zwei Wagen zu fahren und bei der Abfahrt im Hotel Bescheid zu sagen. Eine Schaufel und Wasservorrat sollten Sie nicht vergessen! Nützliche Adressen: *Direction Générale des Forêts, 30 Rue Alain Savary, 1002 Tunis*

*Association Les Amis des Oiseaux, Faculté des Sciences, Campus Universitaire, 1060 Tunis*

## Polizei

Die Polizei ist in Tunesien überall gegenwärtig. Die Gendarmerie – *Garde Nationale* – überwacht den Verkehr auf den Landstraßen, während die Polizei in Städten und Dörfern zuständig ist. Der gut funktionierende Polizeiapparat wird von der Bevölkerung für vielerlei Anliegen in Anspruch genommen. Meist sind die Polizeibeamten freundlich und hilfsbereit.

## Ramadan

Der Fastenmonat Ramadan verschiebt sich in jedem Jahr um zehn bis elf Tage nach vorn. Der

*Gilt als das älteste islamische Bauwerk Nordafrikas: der Ribat von Sousse*

islamische Kalender richtet sich nach dem Mondjahr und nicht wie der Gregorianische nach dem Sonnenjahr. Während der etwa 28 Tage des Ramadans (von Neumond bis Neumond) dürfen die gläubigen Moslems zwischen Sonnenaufgang und Sonnenuntergang weder essen noch trinken, noch rauchen. Gläubige Moslems halten sich daran. Die Cafés, Bars und Restaurants sind dann größtenteils am Tage geschlossen. Auf dem Lande wird man nirgends bewirtet, nur in den Touristenzentren macht man Ausnahmen. Dafür wird dann am Abend, nach dem Ruf des Muezzins, fürstlich gespeist. Die Mahlzeiten ziehen sich bis tief in die Nacht hinein. Kinder, Reisende, Kranke und Schwangere brauchen den Ramadan nicht einzuhalten. Die Arbeitszeit wird in diesem Monat gekürzt, man arbeitet von 9 bis 15 Uhr. Fast alle Geschäfte und Läden in den Souks öffnen in der zweiten Hälfte des Monats nach dem Abendessen. Überall wird gekauft und gefeiert. Volkstheater mit Bauchtanz und Marionettenspielen, Folklore und arabischer Musik haben Hochkonjunktur. Diese Feiern sollte man sich nicht entgehen lassen.

### Rauschgift
Rauschgiftdelikte werden in Tunesien sofort mit Gefängnis bestraft. So sollte man auf jeden Fall auf den Besitz und Gebrauch von Rauschgift verzichten.

### Soziale Situation
Seit der Unabhängigkeit hat sich neben der reichen Oberschicht eine Mittelschicht entwickelt, die jetzt 60 Prozent der Bevölkerung darstellt, davon leben 40 Prozent in eigener Wohnung. Trotz zweifellos vorhandener Armut verhungert niemand. Dafür sorgt schon die noch weitgehend intakte Großfamilie mit ihrer Solidargemeinschaft. Exstaatspräsident Bourguiba stellte der Frau das Tragen des Schleiers frei, ermöglichte ihr jede berufliche Ausbildung und gab ihr damit eine gesellschaftliche Stellung, die in vielen anderen arabischen Ländern unbekannt ist. Frühzeitig wurde die Bedeutung der Familienplanung erkannt. Der Erfolg ist spürbar, Tunesien hat eine der niedrigsten Geburtenraten in der dritten Welt, obwohl der jährliche Bevölkerungszuwachs noch immer über drei Prozent beträgt. Die Gesamtbevölkerung hat einen hohen Anteil Jugendlicher. Der Arbeitsmarkt vom Akademiker bis zum einfachen Arbeiter ist übersättigt. Viele Tunesier wählen aus diesem Grund den Weg der Emigration.

### Tourismus
Tunesien ist ein gefragtes Reiseland geworden. Es ist von Europa aus schnell zu erreichen und wegen des günstigen Wechselkurses seiner Währung, des Dinar, reizvoll. Die Touristenzentren liegen meist an der Küste. Die ersten Hotels wurden Anfang der siebziger Jahre gebaut, sind also verhältnismäßig neu. Auch einfache Hotels haben schöne Gartenanlagen, Sportplätze und Swimmingpools. Inzwischen hat Tunesien eine Bettenkapazität von etwa 150 000. 1995 kamen fast vier Millionen Besucher, wobei die Deutschen an erster Stelle standen. Das Ministerium für Tourismus überwacht die Qualität der Hotels und Restaurants. Obwohl das Personal zum Großteil in Hotelfachschulen ausgebildet wird, ist nicht immer alles perfekt. Aber Hilfsbereitschaft und Höflichkeit werden Sie nicht vermissen.

---

### Aberglaube
Ein Fisch, der an der Haustür befestigt wird, oder die Hand der Fatma, ein Glücksbringer, die dort abgebildet wird, sollen den Bewohnern Glück bringen und sie vor Unheil bewahren. Früher war es üblich, wenn Sie einen Gegenstand, z. B. einen Leuchter, bei Freunden bewunderten, daß er Ihnen als Geschenk mitgegeben wurde: Sie hatten ihn mit Ihrem Blick behaftet.

# STICHWORTE

Um nicht nur während der Badesaison für Touristen attraktiv zu sein, soll ein kultureller und historisch orientierter Tourismus das ganze Jahr über Besucher ins Land locken. Rundfahrten durch die Nationalparks und die Sahara, groß angelegte Golfplätze, die internationalem Publikum gerecht werden, kulturelle Veranstaltungen, Kongresse und Messen tragen dazu bei.

## Umweltschutz

Umweltschutz hat in Tunesien einen hohen Stellenwert. Das Programm »Blaue Hand«, das das Umweltministerium ins Leben gerufen hat, soll die Strände sauberhalten. Kein Abwasser darf ins Meer geleitet werden. Umwelterziehung gehört zum Lehrplan. Einmal im Jahr, am Tag des Baumes, sollte jeder Bürger einen Baum pflanzen. Acht Nationalparks sind im Aufbau. Private Umweltorganisationen unterstützen die Aktionen. Jährlich gibt es eine Prämie für die sauberste Stadt.

## Wasserpfeife

Vor den Cafés, den Läden, im Souk oder auf der Dorfstraße sitzen die Wasserpfeifenraucher. Es gibt Wasserpfeifen *(Nargile)* in kostspieliger Ausführung aus Kristall, goldbemalt. Andere sind lediglich Dekorationsstücke. In früheren Zeiten wurde Haschisch unter den Tabak gemischt, daher wird die Wasserpfeife auch *Chicha* genannt.

## Wirtschaft

Tunesien ist ein Schwellenland. Es schafft viel aus eigener Kraft, und die Auslandsschulden halten sich in Grenzen. Eine der Haupt-

*Ein Töpfer in Nabeul*

devisenquellen im heutigen Tunesien ist der Tourismus. Die Erdölvorräte nähern sich ihrem Ende, und die Einnahmen durch das Phosphat sind durch internationale Konkurrenz und sinkende Weltmarktpreise geschrumpft. Der Aufbau einer eigenen Industrie wird gefördert und macht große Fortschritte. Das Bestreben ist, Waren für den Export herzustellen. Die Lederwarenindustrie ist erfolgreich, ebenso wie die Elektro- und Elektronikindustrie. Baumaterial und Textilien werden exportiert. Als Agrarprodukte sind Frühgemüse, Obst, Datteln, Olivenöl und Wein zu nennen. Haupthandelspartner ist die EU mit 80 Prozent der Ein- und Ausfuhren. Um der Arbeitslosigkeit entgegenzutreten und weitere Devisen ins Land zu bringen, hat Tunesien für ausländische Firmen 1994 ein Gesetz erlassen, nach dem diese zollfrei und ohne Steuern hier arbeiten lassen und die Fertigwaren exportieren können. Auf dieser Basis arbeiten hier Hunderte europäischer Firmen.

**ESSEN & TRINKEN**

# Nationalspeise ist der Cous-Cous

*Aber auch andere Speisen
der arabisch-nordafrikanisch-französischen Küche
sind sehr beliebt*

**Essen**

Die tunesische Küche ist eine mediterrane Küche mit türkischem Einfluß. Gut schmeckt alles, was rot und scharf ist. Olivenöl, Tomatenmark und *Harissa* (eine Paste aus scharfen, getrockneten Paprikaschoten mit grobem Salz und Knoblauch) dürfen bei einem tunesischen Gericht nicht fehlen. In jedem Haushalt ist das Essen ein wichtiges Thema. Voraussetzung für ein gutes Mahl ist der richtige Einkauf. Das war vor gar nicht so langer Zeit ausschließlich Männersache. Auch jetzt sieht man viele männliche Kunden an ihren freien Tagen auf dem Markt, wo sie mit Kennermiene die schönsten und preiswertesten Angebote aussuchen. Dazu gehört es, zuerst eine kritische Runde über den Markt zu drehen, um die angebotenen Waren und Preise zu vergleichen. Gemüse und Obst gibt es am besten zur jeweiligen Saison. Die Erzeugnisse aus den Treibhauskulturen, die auch außerhalb der Saison auf den Markt gebracht werden, werden immer noch abfällig beurteilt. Der tägliche Einkauf wird nicht als notwendige Pflicht und Last, sondern als unterhaltende Abwechslung empfunden. Eine Tiefkühltruhe oder selbst ein Kühlschrank steht noch nicht in jedem Haushalt. Fisch und Fleisch werden daher auch täglich eingekauft. Erstaunlich ist der sichere Instinkt, mit dem der Tunesier frischen Fisch oder abgehangenes qualitätvolles Fleisch aussucht.

Das Abendessen ist die Hauptmahlzeit. Für den beliebten Cous-Cous wird gerollter Weizengrieß über einem Topf mit Fleisch und Gemüse durch Dampf gegart.

Was auf den Tisch kommt, richtet sich nach der Geldbörse. Das preiswerte Weißbrot ist ein wichtiges Nahrungsmittel. In eine gute rote Soße getunkt, macht es auch satt. Das beliebteste Fleisch für die Hauptmahlzeiten ist Lamm. Zum großen

*Frischer und schmackhafter als hier bei einem Verkäufer auf dem Wochenmarkt von Sousse kann man Datteln nirgends bekommen*

Hammelfest, dem Aïd El Kebir, schlachtet fast jede Familie ihren Hammel. Das ist zunächst eine kostspielige Sache, aber dafür wird dieses Tier auch voll und ganz genutzt. Das Fell wird eingesalzen, gegerbt und später als Sitzkissen oder Bettvorleger verwendet. Der Kopf, im Backofen gegrillt, ist eine Spezialität. Mit den Hammelbeinen wird eine Suppe *(chorba)* gekocht. Herz, Lunge, Leber und alle anderen Innereien werden für *Osban* als Füllung verarbeitet. (*Osban* sind gefüllte Magen- und Darmteile, die zum Cous-Cous gegessen werden.) Fleisch, das man nicht gleich verzehrt, wird in ganz feine Streifen geschnitten, auf der Wäscheleine getrocknet und wie Dörrfleisch verwendet. Aus dem Schwanzfett wird mit Paprika eine Art Schmalz hergestellt.

Frühaufsteher finden in der kalten Jahreszeit an kleinen Ständen ihr warmes *blebi*. Das sind gekochte Kichererbsen, gewürzt mit Zitrone, Harissa und Kümmel. Wenn auch der Milchkaffee Favorit am Frühstückstisch ist, gibt es doch viele Familien, die morgens *droh* servieren, einen Brei aus gemahlener Gerste mit Zucker. In Sfax beginnt man das Frühstück mit Olivenöl, Brot und Oliven. In den Oasen gibt es morgens Datteln und Milch. Die besten gerollten und in Fett gebackenen Gebäckstükke bekommt man in Kairouan. Überall wird morgens in Öl ausgebackenes und in Honig getränktes Gebäck angeboten. Aber der Hotelgast merkt davon wenig, denn er kann sich an einem gut bestückten Büffet sein Frühstück selbst zusammenstellen.

## Restaurants

Typisch tunesische Gerichte (außerhalb der Familie) werden eher in kleinen Gaststätten oder *Gargotten* (Kneipen) serviert und sind preiswert. Auf dem Lande muß man damit rechnen, daß es nur ein Gericht gibt und die Bedienung nur arabisch spricht. Es gibt eine Reihe Mittelklasse-Restaurants mit einer reichhaltigeren Speisekarte. Sie haben schön gedeckte Tische und bequemere Sitzgelegenheiten und oft eine Alkohollizenz, die die einfachen Gaststätten nicht bekommen. Vornehme Restaurants liegen meistens außerhalb der Stadt an der Küste oder in besseren Wohngegenden. Eine Kommission hat angefangen, die Qualität der Restaurants nach Gabeln einzustufen. Drei Gabeln (L) sind die höchste Auszeichnung. In diesen Restaurants und vor allem in den Hotelrestaurants wird europäisch gekocht, eng angelehnt an die französische und italienische Küche. Unter den Vorspeisen stehen immer auch tunesische Spezialitäten, die Sie unbedingt probieren sollten: *Brik à l'œuf*, ein feiner Blätterteig mit einer Füllung aus Hackfleisch, Thunfisch oder Meeresfrüchten und einem Ei; *Salade mechouia*, auf Holzkohle gegrillte Paprika, Tomaten, etwas Knoblauch und Zwiebel; *Odja aux merguez*, kleine, gegrillte, scharf gewürzte Würstchen aus Rind- und Hammelfleisch mit Rührei. Ein guter Fisch ist fast immer dem Fleisch vorzuziehen. Tunesien bringt mit seiner langen Küste eine große Auswahl frischer Meeresfrüchte und Fische auf den Speisezettel. Gegrillte Seezun-

# ESSEN & TRINKEN

*Eine wichtige Zutat für die Harissa-Sauce sind getrocknete, scharfe Paprikaschoten*

schem Fisch und ausgezeichnetem Gemüse schmeckt er wohl hier im Land am besten. Probieren Sie als Nachtisch die tunesischen Kuchen zu einem *thé à la menthe* oder einem *café turc*. Frische Früchte der Saison werden immer angeboten. Die tunesischen Käse, der *carré de Mateur, bleu de Numidia* und als Camembert der *les fleurs des champs*, sind zu empfehlen.

### Trinken

Tunesische Weine sind ausgezeichnete Tischweine. Der Weißwein (z. B. Blanc de Blancs) ist trocken und paßt zu allen Fischgerichten. Fruchtiger ist der *Sidi-Raïs*, und fast ein Aperitifwein ist der *Muscat de Kelibia*. Als Roséweine, die zu allem passen, sind der *Château Mornag, Clos de Thibar* und *Clairet de Bizerte* zu empfehlen. Die besten Rotweine sind der schwere *Magon* und der leichtere *Pinot*.

ge, Meerwolf oder Brassen werden vorzüglich zubereitet. Gegrillte Lammkoteletts oder ein Pfeffersteak sind ebenfalls sehr schmackhaft. Es wird, außer in einigen Touristenhotels in Nabeul, kein Schweinefleisch serviert. Die tunesische Nationalspeise, der *Cous-Cous*, steht inzwischen in internationalen Kochbüchern, aber mit dem hiesigen Lammfleisch oder fri-

*Thibarine* ist ein Likör, der eine reiche Mahlzeit gut abschließt. Wer es kräftiger verträgt oder mag, kann den hiesigen, aus Feigen hergestellten Schnaps *Boukha* probieren.

Das tunesische Bier *Celtia* schmeckt gekühlt auch verwöhnten Biertrinkern. Es gibt gutes Mineralwasser: *Aïn Garci* (mit Kohlensäure), *Safia* und *Melliti*.

---

### Ibn Khaldoun

Der tunesische Philosoph, seine Statue steht am Anfang der Av. Bourguiba in Tunis, hatte eine eigene Theorie über die Luftreinheit. 1377 schrieb er: »Als in Gabès wenig Menschen wohnten, war die Luft schlecht und viele Menschen starben durch die stehende Luft. Jetzt, wo die Menschen sich drängen, kommt Bewegung in die Luft, und die Menschen leben gesund.«

## EINKAUFEN & SOUVENIRS

# Teppiche und Kunsthandwerk

*Berberkeramik ist ein originelles,
aber leicht zerbrechliches Souvenir*

**A**ußer bei wenigen Grundnahrungsmitteln regelt in Tunesien mittlerweile auch das Gesetz von Angebot und Nachfrage den Preis. Bei Lebensmitteln sind die Preise angeschrieben, und in den Boutiquen und großen Einkaufszentren ist das Handeln nicht üblich.

Stürzt man sich in das Einkaufsabenteuer der Souks, so muß man zwischen all dem üblichen Andenkenkitsch sorgfältig nach etwas Originellem und Landestypischem suchen. Die verlangten Preise sind grundsätzlich überhöht, denn man erwartet von Ihnen, daß Sie feilschen. Wenn der Händler das Interesse am Geschäft verliert, so wissen Sie, daß sein Preislimit erreicht ist.

In fast allen größeren Orten finden Sie ein *Office National de l'Artisanat*, wo Sie einen nützlichen Überblick über das tunesische Kunsthandwerk und die Preise bekommen.

*Webteppiche, sogenannte Kelim, mit geometrischen Mustern sind ein beliebtes Souvenir*

Die Ladenschlußzeiten sind nicht geregelt. Im allgemeinen sind die Geschäfte von 9 bis 12.30 Uhr und von 15 bis 19.30 Uhr geöffnet. Die Souks sind von 10 Uhr morgens bis zum Einbruch der Dunkelheit offen. Die Märkte sind von 7.30 bis 13 Uhr geöffnet, an den hohen religiösen Feiertagen bleiben die Geschäfte meistens geschlossen.

### Holz, Keramik, Lederwaren

Vom überreichen Angebot in Europa verwöhnte Reisende werden in Tunesien nicht unbedingt auf ihre Kosten kommen, trotzdem gibt es günstige Gelegenheiten, einen guten Kauf zu machen. Gegenstände aus Olivenholz, Keramiken, Lederwaren, Schmuck, Schmiedearbeiten und Teppiche sind interessant.

Olivenholz, naturbelassen oder lackiert, findet man zu Schüsseln, Salatbesteck und Behältern verarbeitet.

Nabeul ist das Zentrum der Keramikmanufaktur. Vorwiegend in den Farben Grün, Gelb, Braun und Kobaltblau finden Sie Vasen, Schalen, Wandkacheln und Geschirr. Sehr originell, wenn auch leicht zerbrechlich, sind die einfachen Berberkeramiken aus Sejenane. Von Frauen in Heimarbeit ohne Töpferscheibe und Brennofen hergestellt, werden sie wegen ihrer urtümlichen Machart direkt an der Straße gerne gekauft.

Lederbekleidung, Schuhe und Taschen werden in gefälliger Form und vielen Farben angeboten. Bei den günstigen Preisen leistet man sich gerne eine ausgefallene Farbe oder modische Extravaganz.

**Schmuck- und Schmiedehandwerk**

Schmiedearbeiten, wie Kerzen- und Wandleuchter, Untersetzer und Fleischspieße, findet man besonders in Bizerte. Traditioneller Schmuck aus Silber sind Armreifen, Ohrgehänge, Fußreifen, Ringe, Gürtelspangen und Ketten. In Tunesien ist der Silberschmuck mit einem Negerkopf bei kleineren und einer Weinrebe bei größeren Gegenständen offiziell gestempelt. Der Preis richtet sich nach dem Gewicht, auch beim Goldschmuck. Antiker Schmuck wird pro Stück erhandelt. Korallenschmuck wird teuer, denn in Tunesien ist das Tauchen nach Korallen gefährlich geworden; sie sind nur noch in extremen Tiefen zu finden. Bei allen Käufen Quittung für die Ausfuhr verlangen!

**Teppiche**

Das Teppichhandwerk hat eine lange Tradition. Neben dem Knüpfteppich findet man den Webteppich in Kelim-Art. Ein viel gekaufter Webteppich ist der *Mergoum*, der sehr strapazierfähig ist. Der bekannteste Knüpfteppich ist der *Kairouan*. Richtpreise: Knüpfteppiche 90 000 Knoten 220 tD pro m$^2$, 160 000 Knoten 310 tD pro m$^2$, der Webteppich Mergoum 50 bis 80 tD pro m$^2$.

Kelims werden nach Gestaltung und Schönheit bezahlt.

*Die tunesische Keramik wird zum Teil noch nach antiken Mustern hergestellt*

## TUNESIEN-KALENDER

# Zum Aïd El Kebir gibt es Hammel

*Die meisten tunesischen Feste und Feiertage sind vom Islam geprägt*

**D**ie offiziellen und religiösen Feiertage gelten in Tunesien als Ruhetage, das heißt die Geschäfte haben geschlossen und teilweise auch die Restaurants.

### OFFIZIELLE FEIERTAGE

1. Jan. – *Neujahrstag*
20. März – *Nationaler Unabhängigkeitstag*
21. März – *Tag der Jugend*
9. April – *Märtyrer-Gedenktag*
1. Mai – *Tag der Arbeit*
25. Juli – *Tag der Republik*
13. Aug. – *Tag der Frau*
7. Nov. – *Nationalfeiertag*

### RELIGIÖSE FEIERTAGE UND FESTE

Religiöse Feiertage haben kein festes Datum.
*Aïd Es Seghir*
Zwei Feiertage direkt im Anschluß an den neunten Monat, den Fastenmonat Ramadan. An diesen beiden ersten Tagen des zehnten Monats erhalten die Kinder neue Kleider und Süßigkeiten. 9. und 10. Februar 1997, 30. Januar und 1. Februar 1998.

*Aïd El Kebir*
Das »Große Fest« oder »Hammelfest« findet am 10. und 11. Tag des letzten (Mond-)Monats im Jahr, dem Doul Hajja, statt.
*Mouled*
Geburtstag des Propheten am 12. Tag des Monats Rabia.

*Tanzende Berber*

### FESTIVALS

Vom 10. Jan.–9. Febr. 1997 und vom 31. Dez.–30. Jan. 1997 während des Ramadan
*Festival de La Medina, Tunis* mit Theater und Bauchtanzvorstellungen

*Bei einer Fantasia, einem Reiterfestspiel, zeigen die Tunesier ihre sehr eindrucksvollen und seit Jahrhunderten überlieferten Reitkünste*

2.–21. März
*Orangenblüte in Nabeul*
18.–22. März
*Festival des Ksour in Tataouine.* Ausstellungen, Musik, Wettspiele
Ende Mai–Anfang Juni
★ *Falkenfest in El Haouaria*
Im Frühjahr, auf dem Zug von Afrika nach Europa, werden Sperber mit Netzen gefangen und von Falknern in nur zwei Wochen zur Wachteljagd abgerichtet. Beim großen Falkenfest auf Cap Bon findet ein Wettkampf statt. Der beste Sperber und sein Falkner bekommen eine Prämie. Danach werden die Vögel in die Freiheit entlassen.
Mitte Juni
*Theaterfestival in Dougga*
10. Juli–15. August
*Internationales Festival in Karthago*
Musik, Theater, Tanz und Filme
Juli–August
*Internationales Festival in Hammamet*

# TUNESIEN-KALENDER

## MARCO POLO TIPS FÜR FESTE

**1 Falkenfest in El Haouaria**
Wettkampf um den besten Sperber und seinen Falkner. Nach dem Wettkampf werden die Vögel in die Freiheit entlassen (Seite 32)

**2 Filmfestival in Tunis**
Internationale Filme (Seite 33)

**3 Sahara-Festival**
Traditionelle Folklore, Wettkämpfe (Seite 33)

Tanz, Theater, Musik und Folkloreveranstaltungen
  August
*Filmfestival in Kelibia*
(alle zwei Jahre) Amateurfilme
  Sommersaison
*Festival in Sousse und Monastir*
Folklore, Musik und Tanz
  Juli–August
*Festival d'Ulysse auf Djerba*
Zum Andenken an Odysseus, der hier geweilt haben soll
  Juli–August
*Festival auf der Insel Kerkenna*
Sportliche Wettbewerbe. Dazu Männertänze und Fischerwettstreit
*Festival in Sidi Bou Saïd*
Religiöses Fest der Kharja
  Oktober/Nobember
★ *Filmfestival in Tunis*
Internationale Filme in allen Kinos von Tunis
  Ende Dezember
★ *Sahara-Festival*
In Douz und Tozeur. Kamelkämpfe, Sloughi-Rennen, Folklore, Märchenerzähler.

*Auf dem Falkenfest in El Haouaria*

## NORDTUNESIEN

# Im Stammland der Karthager

*Nordtunesien ist zum Teil sehr ursprünglich geblieben, der Tourismus macht sich wenig bemerkbar*

**N**ordtunesien, vor allem aber der Nordwesten des Landes, ist noch ein bißchen das alte Tunesien. Der Tourismus macht sich wenig bemerkbar, Ackerbau und Viehzucht stehen im Mittelpunkt, es ist eine ländliche Gegend. Landschaftlich ist diese Region durch die Ausläufer des algerischen Tell-Atlas geprägt. Das Bergland der Khroumerie entlang der algerischen Grenze mit den grünen Kork- und Zeeneichenwäldern, wo jeden Winter Schnee fällt und im Herbst Pfifferlinge und Steinpilze wachsen, ist noch unberührte Natur. Hier wurde 1891 bei Oushtata der letzte Berberlöwe geschossen, aber auch durch Artenschutzmaßnahmen seit 1964 der Atlashirsch vor dem Aussterben gerettet. Im El-Feidja entsteht ein Nationalpark, zu dem der schönste Zeeneichenwald der Welt gehören wird.

Ein Großteil der Einwohner sind Waldarbeiter oder Viehzüchter. Man lebt vom spärlichen Tabakanbau. Die Männer tragen oft gelbe Turbane wie in Algerien. Ihre Frauen kleiden sich immer noch mit den bunten Gewändern der Berberinnen.

*Attraktion für Tunesienurlauber: Strand von Hammamet*

---

### Hotel- und Restaurantpreise

**Hotels**
*Kategorie 1:* 90–120 Mark, in Tunis über 160 Mark
*Kategorie 2:* 60–75 Mark, in Tunis 90–110 Mark
*Kategorie 3:* um 60 Mark

Die Preise gelten für eine Person im Doppelzimmer pro Nacht mit Frühstück

**Restaurants**
*Kategorie 1:* über 50 Mark
*Kategorie 2:* 30–45 Mark
*Kategorie 3:* 12–20 Mark

Die Preise gelten für ein Essen einschließlich einem Getränk

## MARCO POLO TIPS FÜR NORDTUNESIEN

**1 Bardo-Museum in Tunis**
Das Museum besitzt u. a. die größte Mosaikensammlung Nordafrikas (Seite 51)

**2 Dougga**
Die wohl bedeutendste Grabung aus römischer Zeit (Seite 52)

**3 Nationalpark Ichkeul bei Bizerte**
Wasservogel-Schutzgebiet (Seite 39)

**4 Restaurant Dar El Jeld**
Restaurant im landestypischen Stil mit traditionell tunesischer Küche (Seite 51)

**5 Rundfahrt**
Bizerte – El Alia – Raf-Raf – Ghar-El Melh – Bizerte (Seite 39)

**6 Sidi-Bou-Saïd**
Malerisches Künstlerdorf in maurisch-andalusischem Stil bei Karthago (Seite 54)

Für die Tunesier ist die kleine Stadt Aïn Draham inmitten der Eichenwälder in über 800 Meter Höhe ein Sommererholungsort. Im Winter kommen Wildschweinjäger aus Europa und erzählen sich ihre Schwänke am Kaminfeuer des Hotels »La Chêne«. Nördlich von Aïn Draham an der Mittelmeerküste liegt die kleine Stadt Tabarka mit ihrer genuesischen Festung und dem Fischerhafen. Die Korallenfischerei und Herstellung von Korallenschmuck haben hier Tradition. 80 Kilometer nördlich im Mittelmeer befindet sich die Inselgruppe von La Galite, hier leben noch die seltenen Mönchsrobben. In dem klaren Wasser um die Inseln werden Langusten gefangen.

Die Küste von Tabarka bis Bizerte ist felsig, mit malerischen Sandbuchten. Cap Blanc bei Bizerte ist der nördlichste Punkt Afrikas. Die Medjerda, der einzige ununterbrochen wasserführende Fluß Tunesiens, entspringt in Algerien und durchquert von Westen nach Osten Nordtunesien. Das antike Utique wurde durch ihre Überschwemmungen zugeschüttet. Das Medjerdatal mit seinen weitgezogenen Hügeln und Ebenen und den fruchtbaren Böden war die Kornkammer Roms – mit blühenden Städten wie Bulla Regia, Maktar, Dougga und Thuburbo-Majus. Getreide wird immer noch angebaut, dazu kommen Zuckerrüben, Sonnenblumen, Melonen und Viehzucht.

Die tunesische Dorsale, eine Gebirgskette des südlichen Atlas, trennt Nord- von Zentraltunesien. Aus den Quellen des Djebel Zaghouan floß schon zur Römerzeit das Wasser über ein Aquädukt nach Karthago. Die Trinkwasserversorgung des Nordens, der Stadt Tunis und des Cap Bon wird jetzt durch Talsperren im Nordwesten sichergestellt. Sidi Salem an der Medjerda bei Béjà ist die größte dieser Talsperren.

Der Nordwesten ist die Region der Marabuts, Heiligenstätten, die an Quellen oder uralten Ölbäumen stehen.

# NORDTUNESIEN

Die Bevölkerung, die zurückhaltend, aber freundlich ist, stammt von den Numider-Berbern ab. Chemtou, eine Ruinenstadt nördlich von Jendouba am Medjerda-Ufer, war ihre Hauptstadt in dieser Region. König Massinissa hatte hier seinen Sitz. Er war es, der als Verbündeter Scipios mit seinen verwegenen Reitern und den in großer Zahl eingesetzten Kriegselefanten Hannibal 202 v. Chr. bei Zama besiegte und somit das Ende Karthagos einleitete.

Hünengräber bei Ellès und Maktar sowie Felsengräber in den Mogoden (einer mit Macchie bewachsenen Hügelkette zwischen Nefza und Teskraia) zeugen von noch sehr viel älteren Kulturen. Bei Sedjenane stellen die Frauen noch heute primitive Berberkeramik her.

Im Frühjahr nisten im Nordwesten Störche, die aus Westafrika kommen und im Herbst wieder zurückfliegen. Der Nationalpark Ichkeul zwischen Menzel-Bourguiba und Mateur ist mit seinem See, den Sümpfen und einem isolierten Berg ein einmaliges Naturdenkmal.

Neuen Aufschwung hat die Landwirtschaft Tunesiens im 13. Jh. durch die Andalusier aus Spanien bekommen, die sich in Testour, zwischen Bizerte und Tunis sowie am Cap Bon bei Nabeul niederließen. Sie haben auch Architektur und Musik des Landes beeinflußt. Dar Châabane, ein Vorort von Nabeul, ist andalusischer Herkunft. Hier werden aus weichem Sandstein Säulen, Kapitäle, Lampen und Stuckarbeiten wie zu römischer Zeit hergestellt. Nabeul ist die Hauptstadt der tunesischen Keramik und wie Hammamet eine Hochburg des Tourismus. Die Halbinsel Cap Bon mit ihren Orangenhainen und Gemüsegärten wird von tüchtigen

*Die Thermen des Antonius Pius in Karthago*

Landwirten bestellt. Eine schöne Rundfahrt um die Halbinsel führt von Tunis über Soliman und Korbus nach El Haouaria mit seinen punischen und römischen Steinbrüchen. Jedes Jahr Mai/Juni findet das Sperberfestival statt. Zwischen El Haouaria und Kelibia liegt Kerkouane, eine phönizische Ruinenstadt. Kelibia mit seiner Hafsidischen Festung ist ein typisches Fischerdorf, das nur im Sommer auflebt. Von Kelibia geht die Straße weiter nach Nabeul und Hammamet.

## BIZERTE

(E1) Bizerte (etwa 80 000 Ew.) liegt 65 km nördlich von Tunis; über die GP 8 zu erreichen. Es ist die viertgrößte Stadt Tunesiens. Durch die günstige Lage am Meer strategisch wichtig, war es bis 1963 französische Garnisonstadt. Ein Kanal verbindet den See von Bizerte mit dem Meer. Über den Kanal führt eine Schwenkbrücke in die Stadt. Sehenswert ist der alte Hafen, *le vieux Port*. Bemalte Boote und Netze flickende Fischer bieten ein beschauliches Bild. Hinter den mächtigen Mauern der Kasbah liegt auf einer Anhöhe die spanische Festung des Piraten Eudj Ali. Eine Uferpromenade führt zur Corniche. Hier sind moderne Wohnviertel und Touristenhotels entstanden. Auffallend sind die vielen Kunstschmiede, deren handwerkliche Tradition aus Andalusien stammt. Außerhalb der Stadt hat sich Industrie angesiedelt, eine Erdölraffinerie sowie eine Zementfabrik. Bizerte wird durch die Freihandelszone am Hafen und einen geplanten riesigen Hotelkomplex *Bizerta* noch attraktiver für Touristen.

### BESICHTIGUNGEN

**Fort Espagnol**
Eine Festung, die während der spanischen Besetzung gebaut wurde (1535–74). Schöne Aussicht auf Stadt und Meer.

**Le Vieux Port**
Vor der Kulisse der Kasbah liegt der alte Hafen mit seinen buntbemalten Fischerbooten.

**Russische Kirche**
Diese Kirche nicht weit vom Bahnhof hat nur etwa 30 Plätze. Sie wurde von Offizieren der Schwarzmeerflotte, die nach der Oktoberrevolution 1917 nach Bizerte geflüchtet waren, erbaut.

### RESTAURANTS

**Le Petit Mousse**
Gutgeführtes Restaurant mit Aussicht aufs Meer an der Corniche. Sie sollten hier unbedingt eine Mousse au Chocolat probieren. *Tel. 02/43 21 85, Kategorie 2*

**Restaurant Club Nautique**
Liegt am Meer und bietet besonders gute Fischgerichte und Meeresfrüchte. Segler aus aller Welt treffen sich hier. *Quai Ibn Ziad, Tel. 02/43 22 62, Kategorie 2*

### EINKAUFEN

**Office National de l'Artisanat**
Dekorative und nützliche Gegenstände aus Schmiedeeisen. Gehäkelte und gestickte Decken und typische Knüpfteppiche aus dem weiteren Umfeld von Bizerte.

# NORDTUNESIEN

## HOTELS

### Corniche
Gutes Hotel in einer großen Gartenanlage. *174 Betten, Rue de la Corniche, Tel. 02/43 18 44, Fax 43 18 30, Kategorie 2*

### Residence Aïn Mariem
Dieses Appartementhotel ist besonders für Familien mit Kindern zu empfehlen. *296 Betten, Rue de la Corniche, Tel. 02/43 76 15, Fax 43 97 12, Kategorie 2*

Eine Jugendherberge und ein Campingplatz liegen *3 km südlich vor Bizerte am Strand von Remel.*

## AM ABEND

Diskotheken gibt es nur in den Hotels, z. B. *Hotel Corniche, Hotel Jalta.*

## AUSKUNFT

### Syndicat d'Initiative
*6, Av. Habib Bourguiba, Tel. 02/43 25 58*

### Office de Tourisme
*1, Av. de Constantinople, Tel. 02/43 28 97*

## ZIELE IN DER UMGEBUNG

### Nationalpark Ichkeul (E 1)
★ Der über 12 800 ha große Nationalpark mit seinem See und dem Sumpfgebiet ist ein Paradies für Zugvögel aus Europa. Tausende von Enten, Graugänsen, Watvögeln und Reihern verbringen hier den Winter. In der dichten Macchie des Djebel Ichkeul nisten Singvögel. In den Felsen brüten Falken, Adler und Geier. Wasserbüffel sind hier beheimatet. Ein *Informationszentrum* und *Ökomuseum* ist am Berghang eingerichtet. Über Entstehung und Zweck des Parks wird auf Wunsch ein Videofilm gezeigt. Der Park ist täglich geöffnet. *Beste Besuchszeit: Spätherbst bis Frühjahr. 25 km von Bizerte, Eintritt frei*

### Rundfahrt über El Alia, Raf-Raf und Ghar-El Melh (F 1)
★ Die Strecke ist ca. 100 km lang: Auf der GP 8 nach Tunis biegt man in Richtung *El Alia* ab, ein hübscher Ort am Djebel Hakima. Weiter über *Metline*, ein Dorf, das auf zwei Hängen erbaut ist (der moderne Fischerhafen beschäftigt viele der Bewohner). Durch ein grünes Gemüse- und Obstanbaugebiet erreicht man *Ras Jebel*, den zentralen Marktflecken für die ganze Umgebung. Eine drei km lange Anfahrt führt zum bewaldeten Strand. Auf dem Weg nach *Raf-Raf* sieht man die Insel *Pilaou* mit ihrem Leuchtfeuer. Eine kurvenreiche Strecke bringt Sie ans Meer. Zurück geht es über *Ghar-El Melh*, einen alten türkischen Hafen, vorbei an Feldern, die bis zum Meer reichen. Der Lagune entlang kommt man auf der MC 69 zur Hauptstraße zwischen Tunis und Bizerte.

### Utique (Utica) (F 1)
Das Ruinenfeld liegt auf der Straße nach Tunis und ist gut ausgeschildert. Utique war die erste Handelsniederlassung der Phönizier. Sie hat sogar Karthago überdauert, weil die Stadt sich rechtzeitig mit Rom verbündete und deshalb nicht zerstört wurde. Der damalige Hafen ist längst von der Medjerda zugeschwemmt worden, das Meer liegt weit entfernt. Aus puni-

scher Zeit sind Reste der Nekropolis und einige Säulen und Mosaikfragmente aus der römischen Epoche freigelegt worden. *24 km von Bizerte.*

## HAMMAMET

(**G3**) Einer der bekanntesten Urlaubsorte in Tunesien. Vom eigentlichen Ort Hammamet (30 000 Ew.) aus verläuft nach Norden und Süden die *Route Touristique* zum Strand und zu den Ferienhotels. Diese sind unterschiedlich in Preis und Niveau, aber alle modern und großzügig angelegt. Swimmingpools, Tennisplätze, Boutiquen, Cafés, Restaurants, Bars und Diskotheken sind überall vorhanden, häufig auch Saunen, Hallenbäder und Gymnastikräume. Das milde Klima am Golf von Hammamet, begünstigt durch das hüglige Hinterland, ermöglicht eine exotische Blütenpracht zu jeder Jahreszeit. In den Gartenanlagen wachsen Bougainvilleen, Hibiskus, Rosen, Jasmin, Geranien, dazwischen riesige Kakteen und Keulenlilien. Das Städtchen Hammamet, das nicht durch eine glorreiche Vergangenheit berühmt wurde, hat sich ganz auf die Gegenwart eingestellt. An der Hauptstraße des Ortes, der einige Kilometer von den Touristenzentren entfernt liegt, sind ⚹ Terrassencafés, Restaurants und Einkaufszentren entstanden. Eingeschlossen von hohen Mauern liegt die Medina mit den überdachten Souks und der Kasbah am Golf. Eine Rampe führt von den Souks zum Innenhof der ✹ Kasbah, von deren Brüstung man einen herrlichen Blick auf die Bucht, den Fischerhafen und die Altstadt hat.

## BESICHTIGUNGEN

### Centre Culturel International

Das heutige Centre Culturel International war die Villa des rumänischen Millionärs George Sebastian. Das in den zwanziger Jahren von ihm erbaute Haus zählt zu den schönsten Gebäuden in Hammamet. 1964 wurde in der herrlichen Gartenanlage

*Auf dem Markt in Hammamet*

# NORDTUNESIEN

das jetzige Amphitheater nach alten Plänen errichtet. Dort eine Aufführung zu erleben ist beeindruckend.

### Medina
Die kleine Stadt Hammamet, in der Römerzeit unter dem amüsanten Namen Puput bekannt, hat aus dieser Zeit ein paar Ruinen vorzuweisen, die kaum sehenswert sind. Dagegen lohnt sich ein Gang durch die Souks, auch ohne etwas zu kaufen.

## RESTAURANTS

### Le Berbère
Im Zentrum von Hammamet, gute Küche. *Tel. 02/28 00 37, Kategorie 2*

### Le Château neuf
Der Sun Set City Club liegt in der Touristenzone und bietet Abwechslung zur Hotelküche. *Tel. 02/28 29 76*

### Pomodoro
Außer den landesüblichen Mahlzeiten werden italienische Spezialitäten schmackhaft zubereitet. *6, Av. Bourguiba, Tel. 02/28 12 54, Kategorie 1*

## EINKAUFEN

Jedes Hotel hat seinen Souvenir-Shop. Dort können Sie vom Teppich, Kupferteller, von Keramik, Schmuck, Strandbekleidung bis zum Sonnenöl alles kaufen. Diese Shops sind vor allem abends lange offen und nutzen so die Ferienstimmung der Hotelgäste für ein gutes Geschäft. In den Souks von Hammamet finden Sie die gleichen Souvenirs billiger und in größerer Auswahl. Besonders schön ist handgestickte Tisch- und Bettwäsche. Die Boutique *Fella* am Ausgang führt traditionelle Mode, dem europäischen Geschmack angepaßt. Eine moderne Boutique, *Kamel*, liegt dem *Hotel Fourati* gegenüber. Dort finden Sie ausgefallene Damenmode. Gleich daneben ist ein großes Lederwarengeschäft. Alles, was aus Leder hergestellt werden kann, wird angeboten. Verarbeitung, Qualität und Preise machen einen Kauf interessant. Häufig werden Stoff und Leder zu einem »african look« verarbeitet.

## HOTELS

### Abou Nawas Hammamet
Sehr komfortables Hotel am breiten Sandstrand zwischen Hammamet und Nabeul. *452 Betten, Route Touristique, Tel. 02/28 13 44, Kategorie 1*

### Hotel Regency
Persönlich geführt, direkt am Strand, wunderschöne Gartenanlage. *220 Betten, Tel. 02/22 61 04, Fax 22 72 00, Kategorie 1*

### Royal Phenicia
Sehr beliebt bei deutschen Gästen. Großzügige Anlage mit viel Komfort. *720 Betten, Av. Koweït, Tel. 02/28 03 36, Kategorie 1*

## AM ABEND

Zu fast jedem Hotel gehören Diskotheken und Bars. Private Nightclubs und Diskotheken (z. B. ⋆*Why not, Le Ranch, Mexiko*) sind nur in den Sommermonaten geöffnet, ganzjährig *Le Topkapi* und *Tropikana*. Das

*Centre Culturel International* in Hammamet bietet im Sommer Theater, Ballett und Musik.

## SPIEL UND SPORT

Wie überall am Hotelstrand Wassersport, Tennis und Reiten. Dazu zwei neue Golfplätze vor Hammamet mit 18 Löchern. Auch Kurse für Anfänger.

## AUSKUNFT

**Office National du Tourisme**
*Av. Habib Bourguiba, Tel. 02/ 28 04 23*

## ZIELE IN DER UMGEBUNG

**Rundfahrt Nabeul, Korba, Kelibia, Kerkouane, El Haouaria, Sidi Daoud, Korbous, Sidi Raïs zurück nach Nabeul (G–H 1–3)**
Von *Nabeul* über Dar Châabane, das Zentrum der Steinmetze, führt der Weg zum Marktflecken Maamoura. Dort liegt am Meer der Maamoura Beach-Club, eine Bungalowanlage mit Swimmingpool, Restaurants, Bars und Diskothek. Bei *Korba* an einem herrlichen Sandstrand unterhält der Club Méditerranée ein Feriendorf mit vielseitigem Sport- und Unterhaltungsangebot für jüngere Urlauber. Durch das Dorf verläuft die Straße weiter an einer Lagune entlang. Das Land zwischen Nabeul und Kelibia ist sehr fruchtbar, hier werden Obst, Gemüse und Tabak angebaut. Im Sommer liegen überall auf den Dächern Tomaten zum Trocknen. Rote Paprika hängen auf Schnüren gereiht an den weißen Hauswänden in der Sonne. Aus ihnen wird *Harissa* zubereitet.

Über Menzel-Temine gelangt man nach *Kelibia*, der Heimat des bekannten Muscat sec de Kelibia. Eine Festung beherrscht das Stadtbild. Sie liegt auf einer Anhöhe 150 m über dem Meer. Auf Resten byzantinischer Fundamente errichteten die Hafsiden die Burg, die von den Spaniern und Türken weiter ausgebaut wurde. Überbleibsel aus punischer und römischer Zeit wurden bei Restaurierungen entdeckt (leider Sperrgebiet). Unterhalb der Festung befindet sich ein maurisches Café mit Aussicht auf die Strandzone El Mansoura und den Fischerhafen. Der weite Sandstrand lädt zum Baden ein. Dort kann man in Le Petit Paris, ein Restaurant mit guter Küche und Fischspezialitäten, einkehren. Große Terrasse mit Blick aufs Meer.

Neun Kilometer nördlich von Kelibia liegen zwischen der Straße und dem Meer die Ruinen von Kerkouane, der einzigen rein phönizischen Stadtanlage Afrikas. Die Fischer- und Färberstadt (Purpurmanufaktur) ist überraschend gut erhalten. Grundmauern, Bäder und ein erkennbares Straßennetz sind von Archäologen freigelegt worden.

An der Nordspitze des Cap Bon liegt *El Haouaria*. Vor allem das Sperberfestival (Falkenfest) zieht jedes Jahr Ende Mai/Anfang Juni viele Besucher an. Die Falkner von El Haouaria fangen die Sperber auf ihrem Zug nach Europa, richten sie für die Wachteljagd ab und lassen sie nach dem Fest wieder frei. Das Hotelrestaurant *L'Epervier* offeriert einfache, aber gute Mahlzeiten. Sie finden es an der Hauptstraße. Sehenswert sind ebenfalls die

# NORDTUNESIEN

# NABEUL

römischen Steinbrüche an der Felsenküste, aus denen das Material stammte, mit dem Karthago aufgebaut wurde. Ein Modell dieser Steinbrüche, in deren tiefen Schächten sich Sklaven oft im wörtlichen Sinne zu Tode arbeiten mußten, ist in Karthago im Quartier Magon ausgestellt.

Von El Haouaria fährt man in Richtung *Sidi Daoud*. Die Ortschaft ist von weitem zu sehen. Die Anfahrt lohnt sich nur, wenn man dort an den Felsen tauchen will. Der Thunfischfang und die Thunfischkonservenfabrik im Ort haben im Mai/Juni Hochkonjunktur. Es wird nicht mehr erlaubt, Besucher auf Schiffen zur *Matanza* mitzunehmen.

Die Weiterfahrt über *Korbous* (50 km) geht durch schönes Naturgelände bis zur Steilküste mit immer wieder überraschendem Panorama. Korbous liegt an einem schluchtartigen Einschnitt direkt über dem Meer. Die heißen Quellen der Thermalbäder sollen bei Rheumaleiden, Arthritis und Hautkrankheiten heilen. Schon die Römer kamen hierher, um zu kuren und ihre Schwitzbäder zu nehmen. Um die einzige Durchgangsstraße gruppieren sich viele Restaurants, Hammams und Souvenirläden. Oberhalb des Ortes sind stilvolle Appartementhäuser gebaut worden. Über eine kurvenreiche Straße, die steile Küste entlang, geht es nach *Sidi Raïs*; aus dieser Gegend stammt auch der gleichnamige Muskatellerwein.

Über Soliman und Grombalia fährt man zurück nach Nabeul. Die Gesamtlänge der Rundfahrt beträgt 190 km.

(**H3**) Die Provinzhauptstadt (40 000 Ew.) des Cap Bon ist Landwirtschaftszentrum und ein beliebter Badeort. Bekanntheit errang Nabeul vor allem jedoch wegen seiner Keramikherstellung. Die Produkte der Töpferei – Kacheln, Gebrauchskeramik und Souvenirs – werden im ganzen Land verkauft. Überall in den Hinterhöfen sieht man Töpfer bei ihrer Arbeit. Häufig trocknet die Ware auf dem Dach. Die ganze Familie ist beschäftigt, und kein Kind ist zu klein, als daß es nicht mithelfen könnte. Mattenflechterei und die Gewinnung von Parfümessenzen sind weitere Einnahmequellen. Das Stadtzentrum liegt ungefähr zwei Kilometer vom Strand entfernt. Beim Bau eines der ersten Ferienhotels stieß man auf Reste der antiken römischen Stadt *Neapolis* – ein Hotel bekam diesen Namen. Inzwischen sind von Hammamet über Nabeul bis Dar Châabane viele moderne Ferienanlagen entstanden.

## BESICHTIGUNG

### Kamelmarkt

Auf dem Markt handeln die Bauern der Umgebung mit Schafen, Ziegen und Eseln. Dromedare werden zur Schau ausgestellt. Sonst werden landwirtschaftliche Produkte verkauft. Der Markt hat sich auch auf Touristen eingestellt, die überall fotografieren und staunen, was alles an Trödel, Töpfen, gebrauchten Kleidern und Schuhen angeboten wird. *Freitag ist Markttag*

## MUSEUM

**Musée Archéologique de Nabeul**
Ein kleines archäologisches Museum zeigt Funde aus der früheren punischen Stadt Agathokles und der römischen Colonia Julia Neapolis. *Tgl. außer Mo 8–12 Uhr und 15–18 Uhr, Eintritt tD 0,600, Av. Bourguiba*

## RESTAURANTS

**L'Olivier**
Kleines rustikales Restaurant im Zentrum von Nabeul mit einfacher, sehr schmackhafter Kost. *Rue Hedi Chaker, Tel. 02/28 66 13, Kategorie 2*

**Luxor**
Mit schönem Rundblick. Internationale Küche à la carte. Jeden Abend orientalische Musik und Bauchtanz. *Hotel Keops, Av. Mohammed V, Tel. 02/28 65 55, Kategorie 1*

## EINKAUFEN

Typische Mitbringsel aus Nabeul sind Keramiken, kleine, aus Binsen geflochtene Sets und Tragetaschen oder eine aus Stein geschnittene Lampe aus Dar Châabane. Ein neues Einkaufszentrum in der Avenue Habib Bourguiba beherbergt über mehrere Etagen Boutiquen, in denen man Jeans, Keramiken, Schmuck, Tiffanylampen und Modeartikel kaufen kann.

## HOTELS

**Club Aldiana**
Das Clubdorf in einer schönen Gartenanlage bietet viele Sportmöglichkeiten und Freizeitbeschäftigungen. Für Familien mit Kindern empfehlenswert. *536 Betten. Von Januar bis Mitte März geschl. El Merazka, Tel. 02/28 54 00, Fax 28 52 75, Kategorie 2*

**Les Jasmins**
Einfaches Hotel, gleich dahinter liegt ein Campingplatz. Gute Küche im Restaurant *Slovenia*. *106 Betten, Av. Habib, Thameur, Tel. 02/02/28 53 43, Fax 28 50 73, Kategorie 3*

**Lido**
Bungalow-Hotel am Strand von Dar Châabane mit Selbstbedienungsladen und eigener Metzgerei. In der Wintersaison werden Jagdausflüge arrangiert (Wildschweinjagd). *990 Betten, Plage Dar Châabane, Tel. 02/28 57 86, Kategorie 2*

## SPIEL UND SPORT

In allen Hotels kann man Surfen lernen und auch Surfbretter leihen, ebenso Tretboote und Wasserski. Tennisplätze sind reichlich vorhanden, und manche Hotels unterhalten einen eigenen Reitstall. Kamelreiten wird am Strand angeboten. Die Kameltreiber warten schon in aller Frühe auf Kunden.

## AM ABEND

✱ Bei jungen Leuten sind die Diskotheken *La Tortue* und *Why not* in Hammamet beliebt. Jedes Hotel hat seine eigene Diskothek mit Diskjockey oder Orchester.

## AUSKUNFT

**Office National du Tourisme**
*Av. Taieb Mehiri, Tel. 02/28 67 37*

# NORDTUNESIEN

## TABARKA

(C2) Die kleine Hafenstadt (12 600 Ew.) ist vom Tourismus erschlossen. Neue Hotels, Bungalowanlagen, der Yachthafen, ein Golfplatz mit 18 Löchern und der internationale Flughafen machen aus dem Ort ein attraktives Ferienzentrum. Die landschaftlich reizvolle Lage am Meer mit Sandstrand und Felsen sowie das bewaldete Hinterland eignen sich für einen erholsamen Urlaub. Während der Jagdsaison von Oktober bis März ist Tabarka Ausgangspunkt für organisierte Jagden. Ein kleiner Fischerhafen, der Korallenhandel und eine Fabrik zur Verarbeitung der Korkeiche (mit Museum) sind Einnahmequellen der Bevölkerung.

### BESICHTIGUNGEN

**Les Aiguilles**
Die bizarren Felsformationen des Hafendamms sind ein beliebter Treffpunkt.

**Genuesische Festung**
Die Festungsanlage ist über einen Damm zu erreichen. Im 16. Jh. war sie Stützpunkt von türkischen Seeräubern und wurde als »Lösegeld« für die Freilassung des gefangenen Piraten Dragout den genuesischen Fürstenhäusern Lomenelli und Grimaldi überlassen. Ali Pascha Bey ließ die Festung 1751 besetzen und verkaufte die Bewohner als Sklaven. Besichtigung von innen nicht möglich (Militär).

### RESTAURANTS

Einfache Restaurants, aber gutes Essen in der Av. Habib Bourguiba. Anspruchsvoller ist *Le Pirate, Porto Corallo, Tel. 08/64 40 61, Kategorie 1*

### EINKAUFEN

Korallenschmuck, Holzschnitzereien und die bekannten Bruyèrepfeifen aus den Wurzeln der Baumerika sind in Tabarka günstig zu bekommen.

### HOTELS

**Mehari Beach**
Iberotel mit allem Komfort. *400 Betten, Am Strand von Tabarka, Tel. 08/67 00 01, Fax 64 39 43, Kategorie 1*

**Mimosa**
Älteres Hotel mit Panoramablick. Liegt auf dem Hügel, *116 Betten, Tel. 08/64 30 18, Fax 64 32 76, Kategorie 2*

### FESTKALENDER

Korallenfestival Anfang Juli bis Mitte August mit internationaler Beteiligung: Tanz und Theater, Ausstellungen.

### SPIEL UND SPORT

Im Sommer Sporttauchen, ganzjährig Golf, Fischfang-Wettbewerbe, Bootsfahrten.

### AUSKUNFT

**Office National du Tourisme**
*33, Av. Bourguiba, Tel. 08/64 44 91*

### ZIELE IN DER UMGEBUNG

**Aïn Draham** (C3)
Eine ansteigende, kurvenreiche Straße führt durch Eichenwälder

von Tabarka zu dem 25 km weiter gelegenen Bergdorf. Am Weg werden Holzschnitzereien angeboten. Aïn Draham sieht mit seinen roten Ziegeldächern südfranzösischen Dörfern ähnlich. Gäste aus Tunis zieht das gute Klima und die Waldluft an. Jeden Sommer werden Jugend-Ferienlager organisiert. Im Winter schneit es meist, und in den Wäldern werden Wildschweine gejagt. *Hotel Nour El Aïn:* schöne Aussicht, gut ausgestattet, *122 Betten, Tel. 08/66 50 00, Kategorie 2.* Thermalbad für HNO-Leiden in *Hammam Bourguiba.*

### Beni Khiar (H 3)

Von Nabeul ist es nicht weit zum benachbarten Weberdorf Beni Khiar. Es ist berühmt für seine Teppiche, Wolldecken und Kapuzenmäntel *(Kachabia).* Interessant ist die Besichtigung einer Genossenschaft an der Hauptstraße. Dort stehen Webstühle für Männer, die nur in ihrer Freizeit weben. Sie können, wann immer sie wollen, an ihrem Werkstück arbeiten. Den Verkauf ihrer Arbeiten übernimmt die Genossenschaft.

### Bulla Regia und Chemtou (C 3)

Auf dem Weg von Tabarka nach Jendouba liegen zwei Ruinenstätten. 34 km nach Aïn Draham gabelt sich die Straße, linker Hand sind es 2 km nach Bulla Regia, rechter Hand 16 km nach Chemtou. Die römische Stadt Bulla Regia aus dem 1. Jh. hat eine architektonische Besonderheit: Die Villen reicher Römer waren in zwei Etagen angelegt. Im Sommer zogen ihre Bewohner in den unterirdischen Wohntrakt, der immer angenehm kühl blieb, während sie im Winter in den oberen Räumen wohnten. Mosaiken mit Jagdmotiven sind im *Palais de la Chasse* und im *Palais de la Pêche* zu sehen. Chemtou ist eine deutsch-tunesische Grabungsstätte. Ein *numidisches Höhenheiligtum* (150 v. Chr.) liegt auf dem höchsten Gipfel des Djebel Chemtou. Der Numiderkönig Massinissa hat es wahrscheinlich für seinen Sohn Micipsa bauen lassen. Der berühmte gelbe Marmor von Chemtou wurde zur römischen Zeit gebrochen und in Werkhallen serienweise zu Gebrauchsgegenständen und Luxusartikeln verarbeitet. Ein Museum am Eingang vermittelt ein Bild von der damaligen römischen Zivilisation. Bei der Ausschachtung des Museums wurden 1647 Goldmünzen gefunden (7,3 kg). *Eintritt frei*

## TUNIS

(F 2) Den eigentlichen Stadtkern von Tunis bildet die 1,6 Kilometer lange, nach dem ersten Staatspräsidenten benannte ✪ Avenue Habib Bourguiba. Dort stehen neben hochmodernen Gebäuden auch noch Bauten aus der Kolonialzeit mit Stuckarbeiten und engen, hohen Fenstern. An der Avenue liegen das Stadttheater im pompösen Jugendstil, gegenüber die völlig renovierte Kathedrale aus dem vorigen Jahrhundert und das Denkmal eines berühmten Sohnes des Landes, des Philosophen Ibn Khaldoun (1332–1406). Die anschließende Avenue de France führt bis zum Tor der Altstadt, den Souks und der dahinterliegenden Medina. Die Innenstadt platzt aus allen Nähten; hier leben circa 800 000

# NORDTUNESIEN

*Die Avenue Habib Bourguiba in Tunis*

Menschen, Groß-Tunis zählt ca. drei Millionen Einwohner. Es sind neue Stadtteile entstanden, die zunächst als Wohnviertel gedacht waren, dann aber große Einkaufszentren, Banken, Märkte, Kinos und Boutiquen aller Art nachzogen. Immer ist lebhaftes Gedränge auf den Straßen, lautes Hupen der Autos und der Mofas – dazwischen überall Fußgänger. Auffällig ist der hohe Anteil vor allem junger Männer im Straßenbild und in den Cafés. Die Frauen sind modern gekleidet, nur ab und zu sieht man einen weißen Schleier oder Burnus. Wegen des verhältnismäßig milden Klimas spielt sich das Leben das ganze Jahr über auf der Straße ab; die Stühle vor den Cafés sind ständig besetzt. Aber Tunis besteht nicht nur aus Prachtstraßen oder den Villenvierteln der Reichen. Die Landflucht und Arbeitslosigkeit haben einen dichten Kranz ärmlicher Behausungen um die Stadt wachsen lassen. Auf den Straßen in Tunis wird kaum gebettelt, nur an den Verkehrsampeln stehen manchmal Kinder, Blinde oder Frauen mit Babys, die um Almosen bitten.

Eine S-Bahn, *Métro légère*, verbindet die Außenbezirke mit der Stadt. Über den Damm von Tunis nach La Goulette fährt die *T. G. M.* (Tunis, Goulette, Marsa). Ein Kanal verbindet Tunis mit dem Meer. Der Hafen von Tunis hat kaum noch Bedeutung, da die Großhäfen des Landes jetzt bei den Vororten La Goulette und Radès liegen. Moderne Hotels, Kongreßsäle und ein neues Messegelände sind für Geschäftsleute, Seminare, nationale und internationale Veranstaltungen gut organisiert und bei den Teilnehmern geschätzt.

Weder das römische Thuni noch das arabische Tunes waren bedeutende Orte. Erst die Dynastie der Hafsiden begründete den Aufschwung zur Hauptstadt. Aus dieser Zeit stammen die ausgedehnten überdachten Souks und die Reste der Stadtmauer mit ihren Toren. Die Zitouna-Moschee wurde damals zur theologischen Hochschule, sie ist es auch heute noch und besitzt eine der reichsten Bibliotheken islamischen Schrifttums. Die Lage am Meer, das bis zum 18. Jh. bis an die Porte de France reichte, machte die Stadt zum Streitobjekt der um die Macht im Mittelmeer kämpfenden Nationen.

Unter der türkischen Herrschaft entstanden Moscheen und Paläste. Die alte Stadtmauer fiel der Modernisierung zum Opfer. Trotzdem hat die Medina bis heute nichts von ihrem Charme und dem orientalischen Charakter verloren.

## BESICHTIGUNGEN

### Rundgang »Dar Ben Abdallah«

Keramiktafeln an der Kasbah zeigen den Weg durch die Medina von Tunis. Er führt zu den berühmtesten Bauten der verschiedenen arabischen Dynastien: dem großen Grabmal *Tourbet El Bey*, dem Palast *Dar Ben Abdallah* (ein Museum für traditionelle Gebrauchsgegenstände, Möbel und Kleidung; *Eintritt tD 1,5, Mo geschl.*), den *Moscheen Youssef Dey, El Ksar* und *Midhat Es Soltane* sowie zu verschiedenen *Medersas*. Durch das Wohnviertel, das immer noch einem großen Teil der Bevölkerung Unterkunft bietet, schlängeln sich enge Gassen. Hier fühlt man sich um Welten vom Treiben der Neustadt entfernt. Das Wohnviertel war immer vom Geschäftsviertel getrennt. Feste Mauern umgaben die Stadt, deren Tore nach Sonnenuntergang geschlossen wurden. Ein noch gut erhaltenes Tor ist das *Bab Jedid* im Viertel der Schmiede.

### Rundgang durch die Souks

Einen Gang durch die Souks beginnt man am besten von der Porte de France (Bab El Bahar) aus. Am großen Platz links vom Tor beginnt gleich hinter der britischen Botschaft die enge Rue Zarkoune, wo Antiquitäten- und Trödlerläden ihre Ware feilbieten. Auf der Straße breiten fliegende Händler ihren aus Europa mitgebrachten Krimskrams aus. Zwei Hauptachsen führen

*Wachen in alter Tracht: das Parlament*

# NORDTUNESIEN

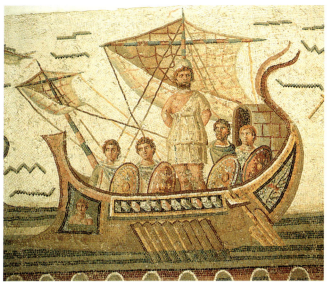

*Einmalig schön: römisches Mosaik im Bardo-Museum*

unmittelbar hinter der Porte de France durch die Souks. Die rechte, die Rue de Kashab, ist ein Eldorado für die tunesische Bevölkerung. Dort werden Stoffe, Wäsche, Schuhe, Wolle nach Gewicht und vieles andere verkauft. Hier kann nach Herzenslust gefeilscht werden, ganz anders als in den Supermärkten der Neustadt. Linker Hand verläuft die Rue Djemaa Ez Zitouna. Hier ist man völlig auf den Tourismus eingestellt. Die Souvenirhändler bieten ihre Waren in allen Sprachen an, und oft hört man sie rufen: »Nur gucken, nicht kaufen!« In dieser engen Straße siedelten aber auch nach der arabischen Invasion die ersten Europäer, und 1660 wurde im Haus Nr. 14 eine erste christliche Kirche eingerichtet. Kurz dahinter beginnen die überdachten Souks, die direkt zur Großen Moschee (Ölbaummoschee) führen. Ihr Innenhof und Säulengang können täglich außer freitags von 8 bis 12 Uhr besichtigt werden. Links an der Moschee vorbei liegt der Souk Attarine, der Souk der Parfüm- und Gewürzhändler. Alle Wohlgerüche Arabiens, vor allem stark riechende Öle, und alle exotischen Schönheitsmittel sind dort zu finden. Kurz danach stößt man rechts auf den Souk für Schuhe, links geht es zum Souk des Etoffes (Stoffe) und geradeaus verläuft der Souk Et Trouk, der an Teppichläden entlang zum Café M'rabet führt – eine traditionelle Teestube, die zu einer Verschnaufpause einlädt. In den oberen Räumen können Sie abends beim Diner eine Bauchtänzerin bewundern und folkloristische Musik hören. Folgen Sie dem Souk Et Trouk weiter, so stoßen Sie

> ### Taxifahrt
>
> Wenn man durch Tunis fährt, hat man das Gefühl, die Autofahrer seien alle farbenblind. Eine Anekdote wird erzählt: Ein Taxichauffeur fährt einen Gast durch die ganze Stadt, überquert sämtliche Ampeln bei Rot, aber bei Grün tritt er mit voller Kraft auf die Bremsen. Auf die Frage, warum, meint er: »Es könnte ja einer meiner Kollegen kommen!«

auf die Sidi-Youssef-Moschee (1616), weit sichtbar durch ihr achteckiges Minarett. Über den Souk El Bey kommt man zum Souk der Chechias, der in letzter Zeit an Bedeutung verloren hat, da die Chechia, eine Art Fez, nur noch wenig getragen wird. Von der Sidi-Youssef-Moschee geradeaus weiter im Souk El Berka finden Sie den ehemaligen Sklavenmarkt, einen kleinen Platz mit rot-grünen Säulen, an denen die Sklaven angekettet zum Verkauf angeboten wurden. Über den Souk El Zeffa gelangen Sie in das Labyrinth der Gold- und Silberschmiede, den Souk des Orfèvres, den Souk des Etoffes bis zur Rue Sidi Ben Arbous, dann kommen Sie zur Place de la Kasbah oder Place de Gouvernement. Links das Dar El Bey ist heute Sitz des Ministerpräsidenten. Gegenüber ist das Finanzministerium mit arabischen Tierkreiszeichen am Uhrturm. Dort steht die 1235 erbaute Kasbahoder Almohaden-Moschee mit ihrem massiven Vierkantminarett. Auch das Kulturministerium liegt an diesem Platz. Ein neuer, viel größerer Platz wurde zum Gedenken an den 7. November 1987, die Amtsübernahme des Staatspräsidenten Ben Ali, im Jahre 1990 eingeweiht. In der Mitte des Platzes ein imposantes Denkmal. Dahinter liegt das Parteigebäude. Motorisierten Besuchern ist zu empfehlen, ihren Spaziergang durch die Souks von hier aus zu beginnen, denn hier gibt es eine Tiefgarage, wo man halbtags für 0,350 tD parken kann.

### Zentralmarkt

Wenn man in Tunis etwas Zeit hat, ist ein Abstecher zum mitten in der Stadt liegenden Zentralmarkt ein lohnender kleiner Umweg. Die Auslagen von Früchten und Gemüse bieten zu jeder Jahreszeit ein buntes Bild. Der Fischmarkt mit seinem Geruch und Geschrei ist besonders aufregend. Manchmal liegen große Haie oder Muränen auf den Tischen, dazu die ganze Skala der Mittelmeerfische und Schaltiere. Am Sonntag ist Vogelmarkt. Dann werden Kanarienvögel, Wellensittiche, Tauben und Stieglitze feilgeboten. *Tgl. 7.30–13.30 Uhr. Eingänge von der Rue d'Allemagne, d'Espagne, Charles de Gaulle und Danemark*

### Zoologischer Garten

Der Zoo ist im Jahr 1969 mit Hilfe der Stadt Köln, der Partnerstadt von Tunis, entstanden. Er liegt im Belvédère-Park. Man hat versucht, beim Bau der Gehege die Natur mit einzubeziehen. Der alte Baumbestand blieb erhalten. Am Wochenende

# NORDTUNESIEN

und an Festtagen ist der Zoo übervölkert. *Tgl. 9–19 Uhr, Eintritt Erwachsene 0,300 tD, Kinder 0,100 tD*

## MUSEUM

### Bardo-Museum
★ Das Museum war früher ein Herrscherpalast, es liegt in einem großzügigen und gepflegten Park. Ein Besuch empfiehlt sich unbedingt. Die Ausstellungsräume befinden sich im ehemaligen Harem des Palastes mit seinen reich dekorierten Decken. Im viel kleineren Herrenhaus, von Wachen in traditioneller Uniform und zwei Marmorlöwen bewacht, tagt das Parlament. Der alte Festungsturm aus dem 16. Jh. dient den Wachsoldaten als Unterkunft. Im Untergeschoß des Museums stehen Modelle von antiken Stätten, deren kostbarste Funde hier ausgestellt sind. Aus vorgeschichtlicher Zeit werden Steinwerkzeuge und primitiver Schmuck gezeigt, aus punischer Zeit Sarkophage, Stelen, Statuen, Lampen und Münzen. Die römische Epoche glänzt vor allem mit ihren einmaligen Mosaiken. Sehenswert ist der Mahdia-Saal mit den Schätzen eines im Jahre 81 v. Chr. gesunkenen griechischen Schiffes, das vor der Küste von Mahdia 1907 geborgen wurde. Funde und Reliquien aus der arabischen Zeit sind in einem Seitentrakt untergebracht, er war früher ein kleiner Bey-Palast und ist älter als das Hauptgebäude. Die Räume liegen um einen Innenhof mit Springbrunnen. *Im Park am Ende der Avenue du 20 Mars, tgl. außer Mo 9.30 bis 16.30 Uhr, Eintritt 3 tD, Di frei*

## RESTAURANTS

In jeder Haupt- und Seitenstraße gibt es kleinere Restaurants, die ein Menü servieren, das preiswert ist und den Hunger stillt. Alle Kategorie 3. *Die folgenden Restaurants sind alle am Sonntag geschlossen*:

### Astragal
Sehr gute Küche in einem gepflegten Rahmen. Reservierung unbedingt notwendig. *Cité Jardin, 6, Rue Ryadh Kadhi, Tel. 01/89 04 55, Kategorie 1*

### Chez Nous
Gute französische Küche in familiärer Atmosphäre, Stadtzentrum. *5, Rue de Marseille, Tel. 01/24 30 43, Kategorie 2*

### Dar El Jeld
★ Am Eingang zur Medina, an der Place du Gouvernement (im früheren Palast Dar Abdelkefi), wird nur authentische tunesische Küche serviert. Raffinierteste Gerichte werden angeboten. *5, Rue Dar El Jeld, Medina, Tel. 01/26 09 16, Kategorie 1*

## EINKAUFEN

Im Souk von Tunis gibt es günstig paillettenbestickte Kleider und Westen, Hinterglasmalereien, ätherische Öle (Rosen-, Rosmarin-, Jasmin- und Geranienöl). Das ONAT verkauft u. a. gut verarbeiteten Silber- und Korallenschmuck. *Av. Mohammed V*

## HOTELS

### Abou Nawas Tunis
Luxushotel mit allem Komfort. *650 Betten, Av. Mohammed V, Parc*

*Kennedy, Tel. 01/35 03 55, Fax 35 28 82, Kategorie 1*

### El Mechtel (Abou-Nawas-Kette)
Gute Lage im Stadtzentrum. Ein Bürokomplex (u. a. Lufthansa), Theater, Boutiquen sowie ein Chinarestaurant gehören dazu. *989 Betten, Boulevard Ouled Haffouz, Tel. 01/78 32 00, Kategorie 2*

### Hilton
Oberhalb des Park Belvédère. Ist internationalen Hilton-Normen angepaßt. Panoramablick über die Stadt. *467 Betten, Notre-Dame de Belvédère, Tel. 01/78 28 00, Fax 78 22 08, Kategorie 1*

### Majestic
Im Stil der Jahrhundertwende mit großzügigen Zimmern, Bad oder Dusche. Im Zentrum. *184 Betten, 36 Av. de Paris, Tel. 01/33 28 48, Fax 33 69 08, Kategorie 2*

## AM ABEND

In Tunis (wie auch sonst in der ganzen Republik) herrscht reges Nachtleben. An Sommerabenden und während der Ramadannächte sitzen Einheimische und Besucher lange in den Straßencafés oder flanieren bis zur Dunkelheit durch die Av. Bourguiba. Die Geschäfte sind lange geöffnet, und es herrscht bis tief in die Nacht ein lebhaftes Treiben. In den großen Hotels am Platz gibt es jeden Abend, und besonders am Wochenende, Disko, Bauchtanz und Malouf. In der Wintersaison werden im Stadttheater Symphoniekonzerte, französische und arabische Schauspiele aufgeführt. Die Kinos zeigen gute Filme, und die Filmtheater sind modern und meist klimatisiert. Vom deutschen Kulturinstitut wird ein Programm mit Vorträgen, Filmen und Ausstellungen angeboten.

## AUSKUNFT

### Office National du Tourisme (Ministerium)
*1, Av. Mohammed V, Tel. 01/34 10 77*

## ZIELE IN DER UMGEBUNG

### Dougga und Testour (D–E 3–4)
*Testour* ist eine Gründung andalusischer Rückwanderer und hat sein maurisches Ortsbild bewahrt. Sehenswert ist die Moschee aus dem 16./17. Jh. mit grünem Ziegeldach, das Minarett mit seiner Sonnenuhr ist für die islamische Welt eine Seltenheit. Im Sommer werden Festivals mit andalusischer Musik veranstaltet.

Das antike ★ *Dougga*, das 20 km südwestlich von Testour liegt, hat die Jahrhunderte überlebt. Sein Ursprung geht zurück auf die Numiderzeit. Davon zeugt ein *libysch-punisches Mausoleum*, die 21 m hohe Grabstätte des Fürsten Ataban. Die Widmungstafel mit der altlibyschen

*Ruinen in Dougga*

# NORDTUNESIEN

und punischen Inschrift diente zur Entzifferung des altlibyschen Alphabetes. Das Theater gleich am Eingang bot 2500 Zuschauern Platz. Jeden Sommer werden dort Schauspiele aufgeführt. Ein gepflasterter Weg führt zum Platz der Windrose und zum Kapitol der Götter Jupiter, Juno und Minerva.

Sehenswert sind auch der *Triumphbogen des Severus Alexander* (3.Jh.) und der *Tempel der Juno Caelestis*. Hinter den privaten Thermen des Zyklopen liegen die Gemeinschaftslatrinen. *100 km von Tunis*

## Gammarth (G 2)

Durch La Marsa kommt man nach Gammarth: ein elegantes Wohnviertel und Badeort mit langem Sandstrand, Restaurants und Ferienhotels. Ein schön gelegenes Bungalowhotel ist das *Abou Nawas*. Ebenso empfehlenswert ist das Sporthotel *Cap Carthage* mit 32 Tennisplätzen und Reitstall. Gute Restaurants sind das *Les Dunes* und *Le Golf 24 km von Tunis*. *Hotel Abou Nawas, 446 Betten, Tel. 01/74 14 44, Kategorie 1; Hotel Cap Carthage, 700 Betten, Plage Gammarth, Tel. 01/27 12 55, Kategorie 2; Restaurant Les Dunes, Tel. 01/27 00 96, Kategorie 1; Le Grand Bleue Gammarth, Tel. 01/74 69 00, Kategorie 1 und Restaurant Le Golf, La Marsa Plage, Sidi Abdelaziz, Tel. 01/27 02 19, Kategorie 2*

## La Goulette (G 2)

La Goulette (10 km östlich von Tunis) hat den größten Hafen Tunesiens. Passagierschiffe aus Europa legen hier an. Wer mit dem Schiff nach Tunesien kommt, sieht an der Küste aufgereiht die Vororte von Tunis: Gammarth, Sidi-Bou-Saïd, Karthago, Salammbô bis zur Hafenstadt La Goulette. La Goulette, ein Ort, der an zwei Straßen liegt, verwandelt sich im Sommer zu einem Ausflugs- und Badeort, der vor allem von der einheimischen Bevölkerung mit kleinerem Geldbeutel gerne besucht wird. Auf den Gehwegen stehen die Tische der Restaurants bis dicht an die Fahrbahn. Eisverkäufer, Bratereien und Imbißstuben bieten ihre Speisen an, dazu überall laute Musik. Es ist wie auf einem Jahrmarkt.

Auf Arabisch heißt La Goulette Halk el Oued, die Flußmündung. Schon in der Antike war es mit dem See von Tunis über eine Fahrrinne verbunden. Diese günstige Lage brachte viel Unruhe in die Geschichte der Stadt. Ludwig der Heilige kam 1270 mit seiner Flotte hier an, um Karthago zu belagern, 1534 eroberte es der türkische Korsar Pacha Kherredine und baute es als Festung aus. 1535 besetzte es Karl V. für Spanien. 1574 ging es wieder an die Türken bis zur französischen Protektoratszeit. Bis zur Unabhängigkeit wohnten im Ort überwiegend Juden, Sizilianer und Malteser.

## Karthago (G 2)

Mit der Vorortbahn T. G. M., die alle zehn Minuten (zu Stoßzeiten) am Bahnhof der Av. Habib Bourguiba abfährt, oder einem Taxi sind Sie in einer halben Stunde in Karthago. An der Stätte des antiken Karthago hat sich ein moderner Villenvorort mit blühenden Gärten entwickelt. Die *Kathedrale des heiligen Ludwig*, die von weither sichtbar ist, liegt auf dem Byrsahügel. Im früheren Kloster der weißen Väter befindet sich das ==Museum von Karthago==, in seinem Park liegt das *Grab des heiligen Ludwig*, der hier an der Pest starb. Von hier hat man eine 🌋 schöne Aussicht über ganz Karthago, Salammbô, die punischen Häfen und La Goulette. Nach Spuren der Phönizier, die 814 v. Chr. Karthago gründeten, der Römer, die es 146 v. Chr. dem Erdboden gleichmachten, und der Byzantiner wird weiter geforscht und gegraben, vor allem seit Karthago zum kulturellen Welterbe ernannt wurde und die Unesco 1974 zur Rettung der antiken Stadt internationale Archäologen zur Hilfe rief. Die deutschen Grabungen sind das *Quartier Magon* mit der punischen Stadtmauer und der neuentdeckte *Tempel des Baal Hammon*. Professor Rakob vom Deutschen Archäologischen Institut in Rom suchte an Hand von abgeschlossenen Ausgrabungen nach dem ältesten Stadtteil. Bei den Grabungen gegenüber dem Supermarkt in Karthago stieß er auf einen dem Baal Hammon geweihten punischen Tempel, der zur Zeit der Gründung Karthagos errichtet wurde. Die Römer hatten ihn mit einer monumentalen Apsis überbaut. Das gestaltete die Ausgrabungen sehr schwierig. Weitere Teile der ersten punischen Stadtmauer konnten freigelegt werden, enorm viele Siegestempel aus dieser Zeit wurden gefunden. Unbedingt sehenswert sind die ==Thermen des Antoninus Pius== direkt am Meer und die *römischen Villen* oberhalb des Amphitheaters mit einem herrlichen Blick auf den Golf von Tunis. Im Bereich der antiken Stätten werden »römische« Münzen, Öllampen und Statuetten angeboten, die selten echt sind. Unmittelbar am Meer, nahe dem Quartier Magon, liegt ein hübsches Restaurant, *Le Neptun*, und an der Av. Habib Bourguiba eine gut geführte Pizzeria, beide sind zu empfehlen. Im Juli/August findet im Amphitheater das Festival von Karthago statt. *Sammelkarte für die antiken Stätten: tD 3,000, 18 km von Tunis. Tgl. 9–18 Uhr (im Winter bis 16 Uhr)*

### Salammbô (G 2)
Bekannt durch das punische Tophet, die Opferstätte der Erstgeburten, die von der Göttin Tanit gefordert wurden. Die *punischen Häfen*, die einst hier lagen, sind inzwischen fast versandet und zugewachsen. Neben den punischen Häfen das Ozeanographische Institut mit großen *Seewasseraquarien* und Meeresfischen. *16 km von Tunis. Tgl. außer Mo 10.30 bis 12 und 15.30–17.30 Uhr*

### Sidi-Bou-Saïd (G 2)
★ Der Besuch des malerischen Künstlerdorfes ist obligatorisch. Die weißen Häuser mit ihren blauen Türen und den mit Schmiedeeisen vergitterten Fenstern liegen an einem Hügel, der zum Meer abfällt. Dort ist ein Yachthafen. Wer Gelegenheit hat, am Morgen durch Sidi-Bou-Saïd zu spazieren, profitiert noch von der Beschaulichkeit des Ortes, die die deutschen Expressionisten August Macke und Paul Klee auf ihren Gemälden und Aquarellen eingefangen haben, und kann im ⚥ *Café des Nattes* in Ruhe seinen türkischen Café oder einen *Thé à la menthe* genießen. Sonst ist Sidi-Bou-Saïd vol-

# NORDTUNESIEN

*Innenhof in Sidi-Bou-Saïd*

ler Leben, und an den Souvenirläden wird heftig gefeilscht. Ein charakteristisches Souvenir aus Sidi-Bou-Saïd sind seine bauchigen Vogelkäfige. Im Palast des Baron Erlanger ist das *Centre des Musiques Arabes Ennejma Ezahar* eingerichtet: Orientalischer Prunk, arabische Musikinstrumente und manchmal ein Malouf-Konzert in der Bibliothek sind einen Abstecher wert. *Tgl. 9–12 u. 14–17 Uhr, Eintritt tD 1,500*

## Soliman-Plage (G 2)
Der Strand vor Soliman bietet eine Ausweichmöglichkeit für die überfüllten Strände von Tunis-Nord. 20 km in Richtung Süden über Hammam-Lif (GP 1), am Bou Kornine, dem »Zwei-Höcker-Berg«, vorbei kommt man nach Soliman Plage. Der Strand ist sauber, das Wasser klar. Wer in Ruhe schwimmen und sich sonnen will, fühlt sich hier wohl. Touristenhotels: *El Andalous, 288 Betten, Tel. 02/29 01 99, Fax 29 02 80; Hotel Solymar, 400 Betten, Tel. 02/29 01 05, Fax 29 01 55; beide Kategorie 2*

## Thuburbo Majus (E 3)
Von Tunis über Mohammedia, wo Ahmed Bey 1842–47 eine Art »Versailles« nachbauen wollte, kommt man in Richtung El Fahs nach Thuburbo Majus (55 km). Ursprünglich war der Ort eine punische Siedlung. Die Ruinen stammen aber aus der Römerzeit, als es (wie noch heute El Fahs) ein Mittelpunkt der Landwirtschaft war. Von weitem sichtbar ist der *Kapitolstempel*. Gut erhalten sind die *Sommerthermen* mit Marmor und Mosaikböden, eine Sportanlage, der Säulengang der Petronier, der *Äskulap-Tempel* und die Reste einer byzantinischen Kirche mit Taufbecken. Der Blick von hier geht weit über das Land bis zum Djebel Zaghouan.

## Zaghouan (F 3)
Ein kleines Städtchen (10 000 Ew.) am Fuße des Djebel Zaghouan, der mit seinen 1295 m einer der höchsten Berge Tunesiens ist. Zaghouan war zur römischen Zeit ein strategisch wichtiger Ort für Karthago. Von den Quellen des »Temple des eaux« wurde Karthago über ein 123 km langes Aquädukt mit Wasser versorgt. Kaiser Hadrian ließ es 130 n. Chr. bauen. Noch zur Zeit Ahmed Beys versorgte es Tunis mit Trinkwasser. Auf der Straße von Zaghouan nach Tunis stehen in gutem Zustand große Teile des mächtigen Aquäduktes. Das nicht weit von Zaghouan entfernt liegende *Djebel Oust* ist ein Thermalbad für Rheuma und Arthritis. Ausgrabungen brachten riesige Badewannen und Thermalbäder zutage, in denen schon Cäsar zur Kur war. *Hotel Djebel Oust, Les Thermes, 98 Betten. 60 km von Tunis.*

**ZENTRALTUNESIEN**

# Die Salzpfannen heißen Chotts

*Die weiten, salzigen Ödflächen
sind kennzeichnend für Zentraltunesien*

An den Südhängen der tunesischen Dorsale beginnt Zentraltunesien. Die Ausläufer des großen algerischen Saharaatlasses durchziehen das Land von Westen (dem Massiv des Djebel Chambi) in nordöstlicher Richtung (dem Djebel Serdj, Djebel Zaghouan) bis zum Cap Bon. Die Bergkette läßt die letzten mit Feuchtigkeit geladenen Wolken aus dem Nordwesten abregnen und ist somit für das trockene Klima Zentraltunesiens verantwortlich. Eine Ausnahme ist der tunesische Sahel, das fruchtbare Küstengebiet um Sousse, Mahdia, Sfax und Maharez. Olivenanbau, Gemüsefelder und Fischfang waren schon zur Römerzeit Grundlage des Reichtums in dieser Gegend. Sousse, die Perle und Hauptstadt des Sahel, hat es verstanden, einer der beliebtesten tunesischen Ferienorte zu werden. Das milde Klima, der Strand, die zahlreichen Hotels und die in ihrer Offenheit europäisch wirkende Stadt, die trotzdem ihren tunesisch-orientalischen Charakter bewahrt hat, locken auch viele ausländische Touristen an. Kennzeichnend sind die riesigen Olivenhaine zwischen Sousse, Sfax und Maharès. Die Industriestadt Sfax ist mit ihren 300 000 Einwohnern zweitgrößte Stadt Tunesiens.

Westlich ins Innere des Landes fährt man durch weite Ebenen. Durch die staatliche Förderung und Privatisierung der Landwirtschaft ist die frühere Steppe dem Gemüseanbau gewichen. Auch Oliven, Pistazien, Feigen und Mandeln werden angebaut. Weite, salzige Ödflächen in der Ebene um Kairouan und Sebkhas, die sogenannten Salzpfannen, sind ein charakteristisches Bild in dieser Gegend. Im Sommer sind sie trocken und geben mit dem Flimmern in der heißen Sonne einen Vorgeschmack auf die Wüste. Im Winter sammelt sich hier das Wasser der umliegenden Hügel und Berge. Die Ebenen werden zu Sümpfen und die Salzpfannen zu Seen mit Watvögeln und Flamingos.

*Eine Olivenplantage
in der Nähe von Sfax*

Langsam steigt die Landschaft zu den Hochebenen von Sbeitla und Kasserine bis nach Gafsa an. Hier dominieren die Alfagrassteppen, die für diese Gegend eine wichtige wirtschaftliche Rolle spielen. Das Alfagras wird geerntet, überall sind die Sammelstellen zu sehen. Die Esel haben auch hier, wie überall auf dem Lande in Tunesien, eine große Bedeutung für die Fortbewegung und den Transport. In Kasserine wird das Gras zu Papier und Karton verarbeitet. Die von den Spaniern im 17. Jh. eingeführten Opuntienkakteen werden hier überall angepflanzt – ohne Stacheln für das Weidevieh und mit Stacheln zum Schutze der Obstgärten. Ihre Früchte, die *Hendis*, sind eine wichtige Vitaminquelle für die ländliche Bevölkerung. Sie werden im Sommer von den Kindern an den Straßen angeboten, aber auch in den Städten verkauft. Nach starken Regengüssen werden die trockenen Flußbetten der Oueds zu reißenden Strömen und unterbrechen die Straßen zwischen Kairouan und Gafsa. Die Berge dieser Gegend sind meist kahl und trocken, mit Ausnahme des Djebel Chambi, seines Nationalparks und der umliegenden Berge, die mit dichtem Wald von Aleppokiefern bewachsen sind. In den weniger fruchtbaren Gebieten wird vor allem Schafzucht betrieben. Die Schafe von Kasserine und Sidi Bou Zid sind bekannt für ihr schmackhaftes Fleisch, überall an den Straßen findet man die rot angestrichenen Metzgerhäuser, wo die frisch geschlachteten Hammel sofort gebraten und verzehrt werden.

# KAIROUAN

(**F6**) Die Hauptstadt der Aghlabiden (80 000 Ew.) entstand in einer weiten Ebene, man gab ihr den Beinamen »Stadt der Sonne und des Sandes«. Eine rein arabische Gründung, wurde sie von Okba Ibn Nafaa am Kreuzpunkt ehemals bedeutender Karawanenwege angelegt – daher der Name Kairouan (Karawane). Sie gilt als heilige Stätte des Islam, gleich nach Mekka, Medina und Jerusalem. Mit ihren Moscheen, Marabuts, Koubbas und Gräbern ist sie Ziel der Pilger aus der ganzen islamischen Welt. Mouled, der Geburtstag des Propheten, wird in Kairouan besonders gefeiert.

80 Prozent der Bevölkerung arbeiten in der Landwirtschaft. Handwerk und Tourismus schaffen weitere Arbeitsplätze. Das Bürsten, Waschen und Färben der Wolle aus eigener Produktion und das Knüpfen oder Weben der berühmten Teppiche ist zumeist Heimarbeit der Frauen.

Einen Besuch der Stadt beginnt man am besten in den *Souks* von der Place de l'Indépendance. Das Touristenbüro, wo man Eintrittskarten für alle Sehenswürdigkeiten und, wenn gewünscht, auch einen offiziellen Führer bekommt, befindet sich direkt an den Aghlabidenbecken. Andere Personen, die Ihnen ihre Dienste anbieten, sind oft Schlepper für Teppichhändler. Durch das Tor Bab Esch Chouada (eines der großen Tore der Stadtmauer) gelangt man in die Souks und zum Kamelbrunnen Bir Barrouta. Viele Konditoreien bieten die für Kairouan typischen Makroudhs an (Gebäck aus Grießteig, gefüllt mit Dattelmus).

## ZENTRALTUNESIEN

Bekannt ist Kairouan vor allem für seine Teppiche. Beim Kauf sollte man auf das staatliche Siegel achten und unbedingt Preisvergleiche anstellen. Nicht alles, was Ihnen die Händler erzählen, ist wahr. In den Souks entdecken Sie geschnitzte oder mit Nägeln beschlagene Eingangstüren, schmiedeeiserne Balkongitter, Erkerfenster und Türen in Form von Spitzbögen mit kunstvollen Steinmetzarbeiten.

### BESICHTIGUNGEN

#### Barbiermoschee

Moschee, Koranschule und Herberge für Pilger. Der Legende nach trug Abou Zama al Balaoui stets drei Barthaare des Propheten bei sich. Die Moschee Zouia Sidi Sahab wurde renoviert. Schöne Fayencen, Schnitz- und Stuckarbeiten. *Mo 9–16, Fr 9 bis 13 Uhr, Eintritt 0,600 tD oder Sammelkarte (zu erwerben beim Office du Tourisme)*

#### Bassins des Aghlabides

Die beiden kreisrunden Wasserspeicher der Aghlabiden stammen aus dem Jahre 862 n. Chr., damals wurden sie durch ein Aquädukt aus den naheliegenden Bergen Cherichera gespeist. Sie haben einen Durchmesser von 37,4 und 128 m und konnten 62 800 m$^3$ Wasser aufnehmen. Das kleine Becken diente zum Filtern des Wassers; es lief in das große Bassin über und wurde von dort zur Trinkwasserversorgung in die Stadt geleitet. Die umliegenden alten Heiligengräber sind durch eine Mauer aus den in Kairouan gebräuchlichen Vollziegelsteinen geschützt. Das architektonisch schöne Eingangstor ist fertiggestellt. *Am Stadtrand auf freiem Feld einige 100 m von Bab et Tunes entfernt*

#### Bir Barrouta

Über eine schmale Stiege tritt man in einen dunklen Raum, in dem ein Dromedar mit verbundenen Augen an einer Achse befestigt im Kreis läuft. Zur Begrüßung hält man Ihnen einen Becher Wasser entgegen. Mit knarrendem Geräusch dreht sich ein hölzernes Schöpfrad mit vielen Tonkrügen, die aus einem Brunnen das Wasser schöpfen. Der Turmbrunnen Bir Barrouta stammt aus dem 17. Jh. Der arabisch-islamischen Legende nach soll dieser Brunnen mit der heiligen Quelle Bir Zem Zem in

## MARCO POLO TIPS FÜR ZENTRALTUNESIEN

**1 Port el Kantaoui**
Yachthafen und Ferienort bei Sousse (Seite 71)

**2 Islamisches Museum**
Anspruchsvolle Sammlung islamischer Geschichte in Rekada bei Kairouan (Seite 60)

**3 Mahdia**
Malerischer Fischerhafen, noch wenig bekannt (Seite 70)

**4 Amphitheater von El Djem**
Römisches Kolosseum. Jeden Sommer klassisches Musikfestival (Seite 69)

*Die Stadtmauer von Kairouan besteht aus Lehmziegeln*

Mekka verbunden sein. *In den Souks an der ersten Gabelung der Soukhauptstraße Ali Belhaouane. Bir Barrouta ist täglich bis Sonnenuntergang geöffnet*

### Grande Mosquée

Die Moschee ist ein Glanzstück arabischer Baukunst. Die durch Streben verstärkten Außenmauern geben ihr das Aussehen einer Festung. Durch das Eingangstor kommt man auf einen riesigen Innenhof (95 mal 80 m), der von einem doppelten Säulengang umgeben ist. Ein wuchtiges Minarett aus dem 11. Jh. mit drei sich nach oben verjüngenden Stockwerken dominiert den Komplex. Komplizierte Wasserkollektoren, die in den Marmorfußboden des Hofes gemeißelt wurden, führten das gefilterte Regenwasser zu unterirdischen Zisternen. Rechts vor dem Minarett steht eine Sonnenuhr. Das Gewölbe des großen Gebetssaals wird von 600 römischen und byzantinischen Säulen getragen. Sie kommen aus antiken Stätten Tunesiens. Ungläubigen ist das Betreten des Gebetsraums nicht erlaubt. Die Gebetsnische *(Mihrab)* mit ihren blauschimmernden persischen Fayencen und die Kanzel *(Minbar)* mit ihrem schönen Blattwerk- und den Rebenornamenten können jedoch auf Postkarten bewundert werden. *Gegenüber der Stadtmauer, zu erreichen über die Rue de la Kasbah*

### Moschee Sidi Amor Abada

Die »Säbelmoschee«, in der sich das Mausoleum des Heiligen befindet, ist auch Museum für angewandte Kunst. *Eintritt frei*

## MUSEUM

### Islamisches Museum

★ In dem Palast des ehemaligen Staatspräsidenten Habib Bourguiba ist ein Museum für islamische Kunst eingerichtet worden. Die ausgestellten Gegenstände stammen hauptsächlich aus den ehemals umliegenden Palästen

# ZENTRALTUNESIEN

der Aghlabidenherrscher. Der damalige Wohlstand und die politische Ruhe werden durch eine mit arabischer Ornamentalschrift versehene Steinplatte des Stadttores von Sabra Mansouriya bezeugt: »Trete ein in Frieden und ohne Furcht«. Einmalige Gravuren von Stadtansichten des 19. Jhs. und Keramik des 9. Jhs. sind ebenfalls ausgestellt. Kostbar sind die in gold geschriebenen Koranverse auf blaugefärbter Gazellenhaut. Besonders sehenswert: eine Münzensammlung aller arabischen Dynastien, die in Tunesien regiert haben. Korantexte und historisch wertvolle Dokumente aus dem 9. bis 15. Jh. Unter aktiver Mitarbeit deutscher Experten ist beim Museum ein Labor zur Restaurierung dieser Schriften eingerichtet worden. *Bei Rekada (7 km von Kairouan), tgl. außer Mo 9 bis 16.30 Uhr, Eintritt tD 1*

## RESTAURANTS

Dem Nationalgericht der Tunesier hat man in Kairouan ein Denkmal gesetzt. An der nördlichen Zufahrtsstraße der Stadt steht ein riesiger Cous-Cous-Topf aus Messing, der in das Guinness-Buch der Rekorde aufgenommen wurde.

### Le Roi des Cous-Cous
Hier wird dieses Gericht gut zubereitet. Das Restaurant liegt am Eingang der Souks Bab esch Chouhada. *Kategorie 3*

### Restaurant Hotel Splendid
Tunesische und französische Küche; besitzt Alkohollizenz. *Rue du 9 Avril, Tel. 07/22 05 22, Kategorie 2*

## EINKAUFEN

Teppiche gibt es im Souk oder im *Office National de l'Artisanat, Rue Ali Zouaoui*. Das Angebot ist groß, von überstürzten Käufen ist abzuraten. Das *Makroudh* genannte Kleingebäck ist in Kairouan besonders schmackhaft und überall erhältlich.

## HOTELS

### Amina
Neues Hotel am Stadteingang. Empfehlenswerte Küche. *124 Betten, Tel. 07/22 65 55, Fax 22 54 11, Kategorie 2*

### Continental
Das große Hotel liegt gegenüber den »Bassins des Aghlabides«, müßte dringend renoviert und besser organisiert werden. *352 Betten, Rue Ibn el Jazzar, Tel. 07/22 11 35, Fax 22 49 00, Kategorie 3*

### Splendid
Ein von der Fourati-Kette übernommenes, altes Hotel, das modernisiert wurde. Es liegt in der Stadtmitte. *83 Betten, Av. du 9 Avril, Tel. 07/22 05 22, Kategorie 2*

## AUSKUNFT

**Office National du Tourisme**
*Av. Ali Zouaoui, Tel. 07/22 17 73*

## ZIELE IN DER UMGEBUNG

### Kasserine (C 7)
Von Kairouan kommt man über Sbeïtla nach Kasserine (140 km von Kairouan), einer kleinen Provinzstadt mit pittoreskem Wochenmarkt am Dienstag. Eine Zellulosefabrik verarbeitet

das gesammelte Alfagras der Umgebung zu Papier. Das *Hotel Cillium (72 Betten)* beherbergt im Winter Jagdtouristen und wird als Zwischenstation auf der Fahrt in den Süden gerne aufgesucht. *Tel. 07/47 06 82, Kategorie 2*

## Maktar (D 5)

Von Kairouan geht es auf der GP 12 in Richtung Haffouz nach Maktar. Die Straße führt durch bizarre Felsformationen und Kalksteinwände. Maktar war eine Gründung des Numiderfürsten Massinissa. Vom Stadteingang sieht man den Triumphbogen *Bab el Aïn* und die Ruinenfelder. Im *archäologischen Museum* sind punische Grabstelen, Marmor- und Bronzeskulpturen aus dem 2. Jh. sowie Lampen und Münzen aus frühchristlicher Zeit ausgestellt. Hinter dem Museum beginnt die Ruinenstätte. Besonders sehenswert sind die Thermen und die *Schola des Juvenes*, die zu den besterhaltenen Bauwerken aus dieser Zeit zählen. *103 km von Kairouan, Museum und Ruinenfelder tgl. bis 17 Uhr, Eintritt 1 tD*

## Nationalpark
## Djebel Chambi (C 7–8)

Der Nationalpark (6723 ha) umfaßt den höchsten Berg Tunesiens, den Djebel Chambi (1544 m). Sein Bild wird von dichtem Wald mit Aleppokiefern, Wacholder und einem Unterholz von Rosmarin und Alfagras geprägt. Die seltenen Berggazellen, Mähnenschafe, Hyänen, Falbkatzen, Adler, Geier und Wanderfalken und eine Großzahl von kleinen Singvögeln kommen hier vor. Ein Informationszentrum befindet sich im Park. Dieser ist bis zum höchsten Punkt nur mit Geländewagen befahrbar. Auf dem ❧ Gipfel mit einem weiten Blick bis nach Algerien ist das Wahrzeichen des Islam, die Mondsichel, errichtet. *17 km von Kasserine, Richtung Gafsa*

## Rundfahrt Kasserine – Haidra – Table de Jugurtha – Le Kef – Ellès

Für unternehmungslustige oder archäologisch interessierte Besucher ist diese Rundfahrt zu empfehlen. Von Kasserine (**C7**) fährt man auf der GP 17 in Richtung Thala bis nach Kalaat Khasba. Es sind etwa 60 km. Von dort aus auf der GP 4 18 km nach *Haidra* (**B–C6**). Die Strecke ist landschaftlich reizvoll, mit bizarren Felsformationen. Haidra war römischer Militärstützpunkt für die dritte Legion des Augustus an der Südwestgrenze der Provinz. Es geriet später unter numidische Herrschaft und gelangte noch einmal in der byzantinischen Zeit zu Ansehen. Der Triumphbogen des Septimius Severus (195 n. Chr.), sehr gut erhalten, überbrückt die berühmte Straße, die von hier direkt nach Karthago führte. Auf der rechten Seite, von weiterher sichtbar, liegen das sechseckige, zweistöckige Mausoleum, die Überreste eines Theaters und weitere Ruinen des früheren Stadtzentrums. Die imposante, zehntürmige byzantinische Festung (Grundriß: 200 mal 110 m) aus dem 6. Jh. ist das Glanzstück dieser Ruinenstätte. In ihrem Innern liegen die Fundamente einer der größten Basiliken Nordafrikas. Die Stadtmauer hat eine mächtige Höhe und reicht bis zum Flußbett des Oued Haidra. Dort ist seit der

# ZENTRALTUNESIEN

Antike eine Wasserstelle, die auch heute noch für Menschen und Tiere in der Umgebung Wasser spendet. Zurück über Kalaat Khasba auf der GP 17 sind es 21 km nach Tadjerouine. Von dort zum Dorf *Kalaat Es Senam* führt eine 25 km lange Zufahrtsstraße, die GP 18, dann die MC 79 zum 🔽 Tisch des Jugurtha (*Table de Jugurtha*; **B 6**). Auf diesen 1271 m hohen Tafelberg führen 150 steile Stufen. Der Aufstieg ist mühsam, aber der herrliche Ausblick entschädigt dafür. Überrascht ist man von dem wirklich tischebenen Bergplateau, ungefähr 150 ha groß, und den nach allen Seiten senkrecht abfallenden Felswänden.

Jugurtha, ein Enkel des Königs Massinissa, war von 111 bis 105 v. Chr. König der Numider. Er führte die jugurthischen Kriege gegen Rom, die in dieser Gegend stattfanden. Zunächst errang er große Siege mit seinen Kriegselefanten, wie Hannibal zu seiner Zeit. Im Jahre 105 lieferte der Getulaberber Bocchus den besiegten Jugurtha an Rom aus, wo er nach dem Triumphzug des Marius umgebracht wurde. Damit endete das freie Numiderreich. Der Tafelberg, der während der jugurthischen Kriege sicher eine strategische Bedeutung hatte, war wegen Wassermangels nicht als Festung ausgebaut. Erst der Berberfürst Senam (7. Jh.) ließ nach byzantinischem Vorbild in den weichen Kalkstein Wasserbehälter schlagen und baute eine Festungsanlage. Hier zogen sich die Berber vor den arabischen Invasoren zurück. Man findet einen Marabut und Überreste einer Moschee aus späterer arabischer Zeit. Auf der GP 17, in nördlicher Richtung, ungefähr 39 km weiter, liegt *Le Kef* (**C 4**), in der Nähe der algerischen Grenze, das lange Zeit zwischen algerischen und tunesischen Herrschern umkämpft war. Es ist landwirtschaftliches Zentrum dieser Region und Garnisonsstadt. Unter den Numidern hieß die Siedlung Chika Banara. Die Karthager schoben die nicht ausbezahlten Söldner nach dem Ersten Punischen Krieg hierhin ab. Der bekannte Söldneraufstand gegen Karthago brach 241 v. Chr. hier aus. Die Römer nannten Le Kef Sicca Veneria, in der frühen Christenzeit wurde es Bischofssitz. Le Kef (der Felsen) besteht aus einer am Berghang liegenden Altstadt, die von der mächtigen Kasbah dominiert wird. Im Tal breitet sich die Neustadt aus, an der der tunesische Baubom nicht vorübergegangen ist. Für eine Rast oder Übernachtung ist das *Hotel de la Source* zu empfehlen. Gegenüber fließt eine Quelle. Hinter dieser begannen 1978 Ausgrabungen, die in letzter Zeit aktiviert wurden. Interessant ist ein Besuch im *Volkskundemuseum*. Es liegt an der Straße, die von der Kasbah in weitem Bogen zur Straße nach Tunis führt. Das Museum zeigt vor allem traditionelle Frauentrachten, Handwerkskunst und ein Nomadenzeltlager in Naturgröße. Von Le Kef fahren Sie auf der GP 12 nach Le Sers, ungefähr 7 km weiter ist die Abzweigung nach *Ellès* (**D 5**) ausgeschildert. Der Weg dorthin ist holperig und steinig, aber befahrbar. Bei Ellès, dem einstigen Thigibba, sind vor einigen Jahren eine größere Anzahl megalithischer Grabmäler gefunden worden. Diese Hünengräber sind überwältigend durch ihre Größe und Steinmasse. Sechs Meter lange Monolithen bedecken enge Grabkammern und einen zwei Meter breiten Gang. Es handelt sich um ungefähr 40 Steingräber, einige davon sind zerfallen. Man nimmt an, daß die Numider sie im 2. Jh. v. Chr. errichteten. Von Ellès kommt man über Maktar nach Kairouan zurück. *Hotel Les Rempart, 24 Betten, Place de la Source, Le Kef, Tel. 08/2 22 10 00, Kategorie 3; Musée Régional des Arts et Traditions Populaires, Rue Ali Ben Aïssa, Le Kef, geöffnet 9–13 und 16–19 Uhr im Sommer, 9.30–16.30 Uhr im Winter, Tel. 08/22 15 03, Eintritt tD 1*

**Sbeïtla** (**D 7**)
Etwa 100 km südwestlich von Kairouan, auf der GP 3, liegt Sbeïtla, das römische Sufetula. Der Ort selber ist uninteressant, aber nahe der Straße nach Kasserine werden ausgedehnte Ruinenfelder durch den Triumphbogen des Diokletian markiert. Zu sehen sind die *Fundamente der Servaskirche* und der *Antoninus-Pius-Bogen* als Eingang zu dem großen Forum mit dem Kapitolstempel. Zur Übernachtung steht das *Hotel Sufetula* zur Verfügung, von dessen Terrasse man das ganze Ruinenfeld übersieht. Ein gut besuchtes Hotel ist das *Bakini* am Ortseingang. *Ruinenstätte tgl. 8.30–17 Uhr; Hotel Sufetula, 92 Betten, Rte de Kasserine, Tel. 07/46 50 74, Hotel Bakini, 80 Betten, Tel. 07/46 52 44, beide Kategorie 2*

# SFAX

(**H 8**) Die zweitgrößte Stadt Tunesiens (fast 300 000 Ew.) mit ihrem Handelshafen ist die betriebsamste Stadt des Landes. Als Sfaxer ist man erfolgreich, tüchtig und den andern immer vor-

*Der Triumphbogen des Diokletian in Sbeïtla*

# ZENTRALTUNESIEN

aus. Olivenbäume in unglaublicher Anzahl wachsen in den Hainen der Umgebung und lassen die Ölpressen der Stadt arbeiten. Olivenöl und Phosphat werden von hier aus verschifft. Die Fischerei und der Handel mit Schwämmen und getrockneten Kraken bringen pittoreskes Leben und Geruch in den Hafen. Reger Handel wird auch mit Libyen getrieben. Sfax wurde im Zweiten Weltkrieg durch Luftangriffe schwer zerstört, der Wiederaufbau gab der Stadt ein modernes Aussehen. Schattige Plätze mit Springbrunnen und hübschen Restaurants findet man an der Av. Bourguiba und der Place de la Republique. Kraken, Tintenfische und Seezungen werden hier nach Sfaxer Art zubereitet. Die Medina ist von einer mächtigen Stadtmauer aus der Aghlabiden-Zeit umgeben (9. Jh.). Vier Stadttore führen in die Medina. Das Haupttor ist das Bab Diouan.

## BESICHTIGUNG

### Medina
Sehenswert ist das Dar Jallouli, ein Kunstgewerbemuseum, in einem prachtvollen alten Palast untergebracht. Die große Moschee wurde 849 begonnen und immer wieder umgebaut. Der Souk ist kaum von Touristen besucht und hat deswegen seine traditionelle Atmosphäre erhalten.

## MUSEUM

### Archäologisches Museum
Funde aus dem römischen Taparura, dem jetzigen Sfax, El Jem, von der Insel Kerkenna, aber auch frühchristliche und islamische Objekte. *Im Rathaus, tgl. außer So 8–13 und 15–18 Uhr, Eintritt 1 tD*

## RESTAURANTS

In der Innenstadt gibt es zahlreiche kleine Restaurants und Imbißstuben mit guter Küche, außerdem:

### Baghdad
Gute Fischgerichte und Meeresfrüchte. *63 Rue Farhat Hached, Tel. 04/22 30 85, Kategorie 3*

### Le Corail
Gutes Essen. *39 Rue Habib Mazoun, Tel. 04/22 73 01, Kategorie 1*

### Le Printemps
Gut zusammengestellte Menüs, schnell serviert. *57, Av. Bourguiba, Tel. 04/22 69 73, Kategorie 2*

## EINKAUFEN

Sfax bietet eine große Auswahl an Olivenholzarbeiten, Lederwaren und Kleidung.

## HOTELS

### L'Olivier
Hotel mit Schwimmbad in der Stadt. *112 Betten, Av. Habib Thameur, Tel. 04/22 51 88, Fax 22 36 23, Kategorie 2*

### Sfax Center
Neues Hotel. *260 Betten, Av. Bourguiba, Tel. 04/22 57 00, Fax 22 55 21, Kategorie 1*

## AUSKUNFT

### Syndicat d'Initiative
*Place de l'Indépendance, Tel. 04/21 10 40*

## ZIELE IN DER UMGEBUNG

**Kerkenna-Inseln** (I 8)
Eine flache Inselgruppe (15 000 Ew.) mit Sand und Palmen, die Sfax vorgelagert ist. Mit Autofähre vom Hafen Sfax 90 Min. bis zur Vorinsel Gharbi. Von Sidi Youssef über Melita mit der Ruine eines türkischen Turms führt ein Damm zur Halbinsel Chergui. Hannibal fand hier vor über zweitausend Jahren Zuflucht, und der ehemalige Staatspräsident Bourguiba benutzte die Insel, um sich 1945 nach Libyen zu retten. Die Bewohner leben von Landwirtschaft, Fremdenverkehr und Fischfang, den sie noch mit ursprünglichen Methoden betreiben. In dem flachen Wasser werden in den sumpfigen Sandboden gesteckte Palmzweige zu Fangsystemen in V-Form angelegt. Man nutzt die Gezeitenströmungen, um die Fische in Reusen zu locken. Das *Hotel Farhat* und das *Grand Hotel* sind für einen Urlaub mit Sonne und Ruhe geeignet, ein flacher Sandstrand steht zur Verfügung. Im August wird das »Festival de la Sirène« gefeiert. Männertänze, die nur auf der Insel bekannt sind, und ein Fischerwettkampf stehen im Mittelpunkt. *Hotel Farhat, 308 Betten, Tel. 04/28 12 36, Fax 28 12 37; Grand Hotel, Tel. 04/28 12 67, Fax 28 14 85, beide Kategorie 2*

**Thyna** (H 9)
Die Ruinenstätte des antiken Thaenae liegt 11 km südlich von Sfax, leicht auffindbar wegen des markanten Leuchtturms. Auf dem Ruinenfeld sind die Reste einer Verteidigungsmauer mit ihren Türmen zu erkennen. Die ursprüngliche Numiderstadt war der südöstlichste Punkt des Königreiches Juba. Aus römischer Zeit sind die Grundmauern von Wohnhäusern, Thermen und einer christlichen Basilika freigelegt. In den Salinen, die mit dem Meer in Verbindung stehen, überwintern jedes Jahr unzählige Flamingos, Säbelschnäbler und Löffler.

# SOUSSE

(H 5) Die Hauptstadt des Sahels (125 000 Ew.) liegt am Meer und ist von ertragreichen Olivenplantagen, Gemüse- und Obstgärten und neuerdings auch Treibhauskulturen umgeben. Die Stadt hatte schon bei den Römern den Beinamen »frugifera«, die Fruchtbare. Die Straßen und Gassen, die einen europäischen Eindruck machen, sind erfüllt vom Lärm der Passanten, Autos und Motorräder. Selbst die Eisenbahn überquert den größten und verkehrsreichsten Platz, Farhat Hached. Die guterhaltene Stadtmauer der Medina stammt aus der Zeit der Aghlabiden (9. Jh.). Der Zuzug vom Lande bewirkt eine rege Bautätigkeit, deshalb dehnt sich die Neustadt weiter aus. Der Handels- und Fischerhafen von Sousse ist voll ausgelastet. Rohstoffe für die außerhalb der Stadt liegende Industriezone werden importiert, Olivenöl und Meersalz aus den nahe gelegenen Salinen zwischen Sousse und Monastir werden exportiert. Am höchsten Punkt der Stadt liegt die Kasbah mit ihrem Leuchtturm. Sie ist eine Festung aus dem 9. Jh. und beherbergt ein archäo-

# ZENTRALTUNESIEN

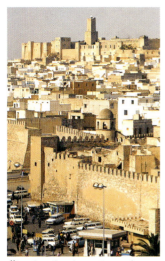

*Über der Altstadt von Sousse thront die Kasbah, in die einst die Bewohner vor Angriffen flüchteten*

## BESICHTIGUNGEN

### Ribat und große Moschee

Man sagt, der ❈ Ribat von Sousse sei das älteste islamische Bauwerk in Nordafrika. Er wurde wie eine Wehrburg gebaut. Die Streiter für den Glauben, die Almurabiten, lebten hier in militärischer Strenge und führten ihren Glaubenskrieg bis weit nach Marokko. Der Ribat war auch Pilgerherberge und nahm in Notzeiten Flüchtlinge auf. Nur während dieser Zeit durften auch Frauen die Burg betreten. Der zentrale Hof im Erdgeschoß beherbergte die Wirtschaftsräume und die Zellen der Rittermönche. Im oberen Teil lag der Gebetssaal. Von den Türmen hat man eine sehr gute Aussicht auf die Stadt.

Mit dem Bau der großen Moschee begannen die Aghlabiden um 850 n. Chr. Die breite Gebetshalle mit der großen Kuppel entstand erst im 10. Jh., und die Eingangshalle bauten die Türken. Ungläubige dürfen nur den Vorhof betreten. *Ribat tgl. geöffnet, Moschee außerhalb der Gebetszeiten 9–12 Uhr, Ribat Eintritt tD 2*

### Sonntagsmarkt

✺ An jedem Sonntag ist außerhalb der Stadtmauer auf der Straße nach Mahdia Markt. Schon am frühen Morgen herrscht reges Treiben. Bauern und Händler breiten ihre Ware auf langen Holztischen oder auf dem Boden aus. Es ist ein Trödel-, Bau-, Vieh- und Gemüsemarkt. Hier kleidet man sich ein, der Hausrat wird aufgestockt, es wird ausgesucht, gehandelt, gewogen und schließlich in Körben davongetragen.

logisches Museum. Von hier entlang der Stadtmauer durch die engen Gassen der Medina, die oft zu Treppen werden, erreicht man die Souks. Nicht zu übersehen ist das Ribat, eines der beachtlichsten Bauwerke des islamischen Nordafrikas. Gleich nebenan liegt die große Moschee. Beide Bauten stammen aus der Zeit der Aghlabiden. Durch das Tor Bab el Bahar, »Tor des Meeres«, betritt man den Platz Farhat Hached, das Herz der Neustadt, mit seinen Geschäften und kleinen Restaurants. Von dort führt die Av. Bourguiba zur Strandpromenade. Hier wird sichtbar, daß Sousse einer der beliebtesten Badeorte Tunesiens ist. Seine Strände und Hotels bieten sonnenhungrigen Urlaubern alle Möglichkeiten zur Entspannung und vielen Einwohnern Arbeit und Brot.

**Souks**

Unter Tonnengewölben oder Holzgittern in engen, schattigen Gassen sind die Läden nach Ware oder Handwerk gruppiert: Teppichhändler, Schmuckläden, daneben Weber, Sattler, Korbflechter, Kesselmacher, Schneider und Kupferschmiede. Die lebhaften Geräusche und die oft betäubenden Düfte aus den Gewürz- und Parfümläden vermitteln orientalische Atmosphäre.

## MUSEUM

**Museum der Kasbah**

Das archäologische Museum der Kasbah zeigt Grabstelen, Statuen, Töpfer- und Glaswaren aus punischer, römischer und frühchristlicher Zeit. Die Räume um den Innenhof beherbergen Boden- und Wandmosaike. In dem neuen *Musée Céramique* sind Kacheln und Mosaike aus dem 3. und 4. Jh. ausgestellt. Es sollen die schönsten Funde aus der römischen Epoche sein. *Rue Agon Kacem Chebbi, Kasbah Sousse, tgl. außer Mo 9–12 u. 15–18 Uhr, Eintritt 2 tD*

## RESTAURANTS

Sousse ist als Ferienort reich mit Restaurants ausgestattet. Zahlreiche Imbißstuben gibt es vor allem an der Corniche. Ein typisch tunesisches »Sandwich«, das *casse croûte*, besteht aus einem aufgeschnittenen Stangenbrot, das mit Tomaten, Oliven, Thunfisch und viel Harissa gefüllt wird. Wer jedoch bequemer speisen will, dem sind folgende Restaurants zu empfehlen *(diese sind geöffnet von 12 bis 15 Uhr und von 19.30 bis 24 Uhr):*

**La Baraka**

Ein rustikal eingerichtetes Restaurant. Angeboten wird tunesische Küche, besonders frischer Fisch und Fischsuppe. *83, Route de la Corniche, Tel. 03/22 76 81, Kategorie 3*

**Café Roseraie**

⚐ Man sitzt am Yachthafen in Port el Kantaoui gemütlich unter Sonnenschirmen auf einer großen Terrasse und kann Menschen und Yachten bewundern. Es gibt ausgezeichneten Kuchen und ein gutes Eis. *9–24 Uhr, Quai des Sirènes, Port El Kantaoui, Kategorie 2*

**L'Escale**

Sehr gepflegtes Essen am Abend bei Kerzenlicht. Was der Küchenchef anbietet, ist nicht nur ein Gaumen-, sondern auch ein Augenschmaus. *Place des Orangiers, Port el Kantaoui, Tel. 03/24 17 91, Kategorie 1*

**Le Gourmet**

Rustikal eingerichtetes Restaurant. Der Chef kocht selbst. Sehr schmackhafte, gute Küche. *3, Rue Amilcar, Tel. 03/22 47 51, Kategorie 2*

## EINKAUFEN

An der Corniche und in der Ave. Bourguiba in Sousse gibt es zahlreiche Läden, die Lederbekleidung und Jeans zu günstigen Preisen anbieten.

## HOTELS

**Iberhotel Green Park**

Ein sehr schönes Hotel, ideal gelegen zwischen dem Hafen von Port el Kantaoui und dem Golf-

# ZENTRALTUNESIEN

club. Hier werden viele Sportarten angeboten. Das Hotelpersonal ist freundlich und achtet auf das Wohlergehen der Gäste. *462 Betten, Port el Kantaoui, Tel. 03/24 32 77, Fax 24 33 55, Kategorie 2*

### Hotel Orient Palace
Modernes Luxushotel. Festzelt mit Barbecue, Diskothek für 600 Besucher. *558 Betten, Hammam-Sousse* (Strandzone) *Tel. 03/24 28 88, Fax 24 33 45, Kategorie 1*

### Selima-Club
Im Feriendorfstil mit Bungalows, Self-service, schmackhaft zubereitet, kein Tel. auf den Zimmern. *988 Betten, Port el Kantaoui, Tel. 03/24 60 92, Fax 24 63 11, Kategorie 2*

### Hotel Tej Marhaba
Sehr schön sind die Zimmer mit Meeresblick. Zwei Schwimmbäder. *700 Betten, Hammam-Sousse, Tel. 03/22 98 00, Fax 22 98 15, Kategorie 1*

## SPIEL UND SPORT

In fast allen Hotels kann man an Segel- und Surfkursen teilnehmen, Surfbretter und Jollen werden auch ausgeliehen. Im Yachthafen von Port el Kantaoui gibt es eine Taucherschule. Ein privater Reitstall bietet Ausritte mit dem Pferd oder dem Kamel an. Das *Le Dour* bietet Folklore und Reiterspiele an. *Sidi Bou Ali, Tel. 03/24 71 55*. Der Golfplatz mit seinen 27 Löchern ist fast immer ausgebucht. Für Tennisspieler gibt es ein Tennishotel in Chott-Meriam. Selbstverständlich verfügen auch andere Hotels über Tennisplätze.

## AM ABEND

Das Nachtleben spielt sich nur in den Hotels und den Diskotheken ab. Der ✱*Samara Nightclub* mit Lasershow sorgt zur Zeit für Furore. *Rue du 7 Novembre, Tel. 03/22 66 99*. Die Hotels veranstalten häufig Abende mit Bauchtanz und Folklore.

## AUSKUNFT

### Syndicat d'Initiative
*Place Farhat Hached, Tel. 03/22 04 13*

## ZIELE IN DER UMGEBUNG

### Amphitheater von El Djem   (H 7)
★ Zwischen Sousse und Sfax in einer großen Ebene mit Olivenhainen befindet sich die kleine Ortschaft El Djem. Schon von weitem ist das monumentale Amphitheater des römischen Thysdrus sichtbar. Im 1. Jh. gegründet, gelangte der Ort zum Rang einer Colonia. Die Olivenölherstellung war wie heute die wichtigste Industrie. Man sagt, daß sich die legendäre Berberfürstin Kahena mit ihren Anhängern in dem Bauwerk gegen die vordringenden Armeen der Emir Hassan verschanzte. 704 n. Chr. verlor sie die Schlacht, es war das Ende der Berberherrschaft in Tunesien. Die von ihr angewendete Taktik der verbrannten Erde vernichtete den Reichtum an Ölbäumen und damit das Wirtschaftswunder. Die große Bresche im Amphitheater wurde im 17. Jh. von Mohammed Bey geschossen, um Aufständische zu vertreiben, die hier immer wieder Unterschlupf gefunden hatten. Wo zu römischen Zeiten

Zirkusspiele stattfanden und Gladiatoren kämpften, spielen jetzt im Sommer Gastorchester aus Europa klassische Musik bei Kerzenlicht. Ein beeindruckendes Erlebnis. Das Museum von El Djem befindet sich beim zweiten Amphitheater an der Ausfahrtstraße nach Sfax. *63 km von Sousse*

**Hergla** (**G 4**)
Der Ort liegt nördlich von Sousse. Man fährt über el Kantaoui und an einem Salzsee vorbei direkt in das kleine Dorf (ca. 6000 Ew.). Es liegt an einer felsigen Küste und ist bekannt durch die Herstellung dicht geflochtener Alfagrasmatten, die als Filtereinsätze für Ölpressen im gesamten Sahel gebraucht werden. Sie werden auch gerne als Fußabtreter gekauft. Die weißen Gassen des Dorfes sind typisch tunesisch. Sie führen hinauf zu der sehenswerten *Moschee des Sidi Bou Mendl* aus dem 18. Jh. Er wird auch der Heilige des Handtuchs genannt, weil er im 10. Jh. von einer Pilgerfahrt aus Mekka auf einem Handtuch stehend übers Meer zurückkehrte. Die Kuppel der Moschee ist in der von den Römern übernommenen Wabentechnik gebaut. Der Strand vor Hergla hat felsige Klippen und schöne Sandbuchten. Das Meer ist glasklar und zum Baden, Tauchen und Angeln wie geschaffen. Ein Touristenprojekt, das eine Marina wie in el Kantaoui vorsieht, ist geplant.

**Madhia** (**I 6**)
★ Eine Stadt (37 000 Ew.), die vor allem von der Fischerei und der umliegenden Landwirtschaft lebt. Einst war sie Hauptstadt des Fatimidenreiches. Auf einer felsigen Halbinsel gelegen, galt sie zur Zeit ihres Gründers, Sultan Obeid El Mahdi, »des von Gott Erwählten«, als uneinnehmbar (921 n. Chr.) Das *Fort Skifa Kahla* und die *Kasbah* am höchsten Punkt der Stadt stammen aus der Zeit des Korsaren Dragout (16. Jh.), der im Dienste der Osmanen stand und als Kapitän der türkischen Flotte das Mittelmeer unsicher machte. Von der Terrasse des Forts hat man einen herrlichen Blick auf die Stadt. Madhia hat ein mildes Klima und einen noch nicht überlaufenen Sandstrand (Ein Geheimtip zum Überwintern für Langzeiturlauber). Jedes Jahr findet im Sommer das Festival »les Nuits de Mahdia« mit Festbeleuchtung der Fischerboote und der Stadt statt. *72 km von Sousse, Club Cap Mahdia, 526 Betten, Tel. 03/68 17 25, Fax 68 04 05, Kategorie 2, Hotel el Mehdi, 563 Betten, Tel. 03/68 14 50, Fax 68 03 09, Kategorie 2*

**Monastir** (**H 5**)
Das antike Ruspina war Ausgangspunkt von Cäsars Afrikafeldzug. Seinen jetzigen Namen Monastir (36 000 Ew.) bekam es durch ein frühchristliches Monasterium (Kloster). Die Geburtsstadt des ersten Staatspräsidenten hat von dem Prestige dieser Tatsache 30 Jahre lang profitieren können.

Die unscheinbare Kleinstadt hat sich zu einem der schönsten Badeorte des Landes entwickelt. An der Einfahrt zur Stadt liegt, umgeben von hohen Mauern mit Zinnen, der grandiose Palast des ehemaligen Präsidenten. Auf breiten Boulevards, von Palmen und Gummibäumen überschattet, an schönen Villen und

# ZENTRALTUNESIEN

*Traum eines Skippers: Port el Kantaoui*

Grünanlagen vorbei geht es ins Stadtzentrum und zum Strand. An der Uferstraße liegt der alles überragende *Ribat* aus dem 8. Jh. Das islamische Wehrkloster dient heute Spielfilmen, Theateraufführungen und Ausstellungen als Kulisse und beherbergt ein Museum für islamische Kunst. Gleich gegenüber können Sie das mit einer goldenen Kuppel gekrönte *Mausoleum der Familie Bourguiba* bewundern. In der Medina sind viele Bauten restauriert worden, nur in wenigen Nebenstraßen hat sich noch der Charakter der Altstadt erhalten. Interessant ist das *Trachtenmuseum* in der Rue de l'Indépendance. Zusammen mit dem benachbarten Skanès besitzt Monastir Hotels aller Kategorien, einen Yachthafen mit Ferienwohnungen, einen Golfplatz und Sportmöglichkeiten bei den Hotels. Am Yachthafen kann man im Restaurant *Le Capitain* gut essen, und die Diskothek *Les Grottes* an der Promenade ist beliebt. Eine bequeme Vorortbahn fährt von Monastir nach Sousse vorbei an den Salinen und dem internationalen Flughafen. *24 km von Sousse. Restaurant Le Capitain, Cap Marina, Tel. 03/46 14 49, Kategorie 2*

## Port el Kantaoui (G 5)

★ Feriendorf im maurischen Stil, mit stillen Winkeln, engen Gassen, Erkerfenstern und blumenbewachsenen Höfen, liegt rund um eine Marina für Segelboote aus aller Welt. Ein 27-Loch-Golfplatz, Tennisplätze, Reitstall, Surf- und Bootsverleih stehen den Besuchern zur Verfügung. Ferienwohnungen können auch kurzfristig gemietet werden. Restaurants, Pizzerien und Cafés sorgen für das leibliche Wohl. Neuerdings werden Fahrten mit einem Aquascop angeboten (tD 10). Das speziell ausgerüstete Boot ermöglicht eine bequeme Erkundung der Unterwasserwelt. Am Wochenende flanieren viele Besucher aus Sousse in ihrem Sonntagsstaat rund um den Hafen, man will sehen und gesehen werden.

Vom Bd. Hedi Chaker in Sousse geht ein kleiner Touristenzug über den Bd. du 7 Novembre bis nach Port el Kantaoui. Die Hin- und Rückfahrt kostet tD 2.

## SÜDTUNESIEN

# Hier beginnt die Sahara

*Temperaturen von 50 Grad Celsius prägen und erschweren das Leben der Menschen*

**A**uch der Süden Tunesiens wird wieder durch Bergketten von Zentraltunesien getrennt, es sind die Ausläufer des südlichen Saharaatlas. Im Westen von Gafsa beginnt nach den trockenen Hochsteppen das kahle Bergland mit den Phosphatgebieten von Metlaoui und Redeyef sowie den Bergoasen rund um Tamerza. Von Gafsa zieht sich in südöstlicher Richtung die Bergkette der Djebel Orbata–Bou-Hedma bis fast an die Küste nördlich von Gabès. Während auf der Nordseite der Berge noch fruchtbare Olivenhaine stehen, die von dem mediterranen Klima profitieren, beginnt an den Südhängen das kontinentale Saharaklima und die Senke der *Chotts*, der riesigen Salzpfannen. Extreme Hitze, im Sommer manchmal mehr als 50 Grad im Schatten, und im Winter Tiefsttemperaturen bis unter null Grad, dazu selten Regen, dafür aber heiße Sandstürme, erschweren das Leben und prägen die Menschen. Nur wo Wasser vorhanden ist, in den Oasen am Rande der Chotts, haben sich kleine Städte oder Ortschaften gebildet wie Tozeur, Nefta, Kebili und Douz. In den kahlen Bergen und den trocknen Steppen werden vor allem Schafe und Ziegen von Halbnomaden gehalten. Der Küstenstreifen (Gabès, Zarzis bis nach Ben Gardane und vor allem die Insel Djerba) bildet, wie auch in Zentraltunesien, landschaftlich und klimatisch eine Ausnahme: Hier gedeihen Oliven, Obst und Gemüse im gemäßigten Meeresklima. Fischerei, Industrie, der Handel mit Libyen und der Tourismus sichern das Einkommen der Bewohner. Weiter südlich liegt die Djeffara, ein fruchtbarer Steppenstreifen, in dem Nomaden große Schaf- und Dromedarherden weiden lassen. Südlich der Troglodytenortschaft um Matmata und Médénine mit ihren Ghorfas erstrecken sich die Berge des Dahar bis nach Foum-Tatahouine. Hier leben die Berber in Bergoasen und -dörfern.

*Die Palmen hinter den Dünen signalisieren: Hier gibt es Wasser in der Wüste, und Wasser bedeutet Leben*

Durch den Tourismus wurden alte Traditionen wieder aufgefrischt und Bergdörfer mit ihren Ksur, großen Innenhöfen, umgeben von Gewölbebauten (Ghorfas), gerettet. Dennoch wandern viele der jungen Leute in die Städte ab. Der südöstliche Teil der tunesischen Sahara an der libyschen Grenze (die Aouara) ist eine unendliche Weite mit Unebenheiten, Salzpfannen und Sanddünen. Nomaden durchziehen dieses Gebiet mit ihren Dromedaren. Gazellen, Schakale, Kragentrappen und Flugspießhühner haben hier ihren Lebensraum.

Der westliche Teil der tunesischen Sahara im Süden der großen Chotts und von Douz ist ein weites Meer aus Sanddünen, das in die unzugänglichen Sandberge des Großen Erg übergeht. Nur Dünengazellen, Wüstenfüchse, Sandvipern, Warane und Wüstenvögel können hier leben. Die Dromedarkarawanen, die einst Handelsware durch dieses Gebiet transportierten, schaffen inzwischen Touristen von der Oase Douz ☥ zu der großen »Vorzeige«-Düne am Beginn des Dünenmeers und zurück. Obwohl die Wüste dem Menschen jedes Jahr mehr als 15 000 ha fruchtbares Land entreißt und große Anstrengungen mit hohen Kosten zur Eindämmung des Vordringens der Wüste unternommen werden, hat die Sahara eine magische Anziehungskraft auf den Menschen, so hat sich auch der Saharatourismus immer weiter ausgebreitet.

Tozeur und Djerba besitzen einen internationalen Flughafen, Nefta seinen Saharapalast, ein Hotel, das mit vier Sternen ausgezeichnet worden ist. Die Reiseveranstalter organisieren Saharafahrten mit Geländewagen oder eine Wüstentour auf dem Rücken von Dromedaren mit Übernachtung in Zelten. Falls Sie privat eine Fahrt in die Wüste planen, brauchen Sie unbedingt einen Geländewagen, genügend Treibstoff und vor allem Wasser. Sandstürme kommen überraschend und können mehrere Tage dauern. Am besten ist es, mit mehreren Wagen zu fahren und sich zur Sicherheit bei der letzten Polizeistation abzumelden.

## GABÉS

(G 11) Schon in früheren Zeiten eines der Tore zur Sahara und den Karawanenstraßen, hat Gabès (90 000 Ew.) in den letzten Jahren ökonomische Bedeutung durch Industrialisierung erlangt. Der Chemiekomplex sowie die Zementfabrik u. a. bringen allerdings auch sehr schwerwiegende Umweltprobleme mit sich. Der Fisch- und Garnelenfang ist zurückgegangen, das Quellwasser der Oase versiegt, da es für die Industrie abgepumpt wurde. Gabès war einmal eine der schönsten Meeresoasen Nordafrikas. Unter die 500 000 Dattelpalmen pflanzen die Oasenbesitzer Tabak, Henna, Kürbis, Aprikosen, Pfirsiche, Granatäpfel und sogar kleine Bananen. Die Datteln sind nicht immer von guter Qualität. Der frische Saft aus dem Herz der Palmen, der *Legmi*, wird zu Wein vergoren. Die Palmwedel dienen zum Schutze gegen das Vordringen der Wüste oder als Schattendach und das Holz als Gebälk für ein-

# SÜDTUNESIEN

## MARCO POLO TIPS FÜR SÜDTUNESIEN

**1 Bergoasen**
Eine Fahrt durch Schluchten, kahle Berge und Hochplateaus (Seite 79)

**2 Nationalpark Bou-Hedma**
Savannen und Steppenlandschaft mit vielen Tierarten (Seite 77)

**3 Rundfahrt Kebili-Douz-El Faouar-Kebili**
Typische Saharaoasen und weites Sandmeer (Seite 77)

**4 Dar Cherait in Tozeur**
Ein Spaziergang durch die Vergangenheit (Seite 81)

fache Unterstände und primitive Möbel. Die Innenstadt von Gabès besteht im wesentlichen aus zwei Durchgangsstraßen, der Av. Farhat Hached und Av. Bourguiba. Außerhalb sind Wohnviertel im Miethausstil entstanden. An diesen Straßen liegen Geschäfte, Souvenirläden, Banken, Hotels und Cafés. Über die Place de la Libération kommt man zum Meer und dem Fischerhafen. Am Sandstrand liegen zwei Ferienhotels.

## BESICHTIGUNGEN

### Grabmal des Sidi Boulbaba

Der Barbier des Propheten wählte Gabès zu seinem Alterssitz. Sein reich verziertes Grabmal aus dem 7. Jh. liegt neben einer alten Medersa und einer neuen Moschee.

In der Medersa ist ein Heimatkundemuseum eingerichtet. Die Außenmauern sind mit Steinen, die aus dem antiken Tacapae stammen, errichtet. In den Zellen der Koranschüler, die hier früher lebten und wirkten, hängen Schaukästen mit alten Utensilien, die bei der Schafschur und der Wollverarbeitung Verwendung fanden.

Neben sehr interessantem Schmuck und aufwendigem Hochzeitsstaat sind außerdem punische und römische Steinfragmente ausgestellt. *Museum tgl. außer Mo, Eintritt tD 0,600*

### Rundfahrt durch die Oase

Die Fahrt mit einer Pferdedroschke *(Calèche)*, die man am Hotel oder am Ortseingang mieten kann, führt bis nach Chenini zum *barrage romain*, einer römischen Staumauer.

Dort kann man einen kleinen Zoo besuchen. Weiter geht es dann durch die ganze Oase auf schmalen Wegen durch Palmenhaine und Gärten. Der *Chela Club*, ein Feriencenter, ist für eine Erfrischung oder einfache Übernachtung geeignet. *(Am Anfang der Oase, Kategorie 3)*

## RESTAURANTS

### Oasis

Einfaches Restaurant. Das Menü ist frisch zubereitet und schmeckt gut. *11 Av. Farhat Hached, Tel. 05/27 00 98, Kategorie 3*

### Le Pacha

Ähnlich dem *Oasis*. *Av. Farhat Hached, Tel. 05/27 24 18, Kategorie 3*

## EINKAUFEN

Bestickte Saharaanzüge mit Pumphosen, Berberschmuck aus dem alten Araberviertel *Grand Jara*, Henna. Der sogenannte *Schesch*: Er wird wie bei den Tuareg um den Kopf gewickelt, nur ein Sehschlitz bleibt frei und schützt so gegen Sand und Sonne. Unbedingt notwendig bei einer Wüstenfahrt.

## HOTELS

### Chems
Bungalowhotel am Strand, gut geführt, Sonnenterrasse und Schwimmbad. *400 Betten, Tel. 05/27 05 47, Fax 27 44 85, Kategorie 2*

### Nejib
Liegt in der Stadt, für Übernachtungen auf der Durchfahrt gut geeignet. *128 Betten, Place de la Libération, Tel. 05/27 16 86, Kategorie 2*

### Oasis
Gut besucht. *184 Betten, Tel. 05/27 03 81, Fax 27 17 49, Kategorie 2*

## FESTKALENDER

Im Frühjahr internationale Messe, anschließend Musikwettbewerb, Folklore. Fest des Sidi Boulbaba. Religiöse Feierlichkeiten am Ende des Ramadan. Festival von Tacapae. Folklore, Kamelreiten im Juli/August.

## AUSKUNFT

### Office National du Tourisme
*Place de la Libération, Tel. 05/27 02 54*

## ZIELE IN DER UMGEBUNG

### Matmata (F 12)
Der Ort (ca. 3000 Ew.) ist auf einer asphaltierten Straße von Gabès aus zu erreichen (43 km). Berberstämme, die von kriegerischen Arabern in das ungastliche

*Schutz vor Hitze und Kälte: Höhlenhäuser in Matmata*

# SÜDTUNESIEN

Bergland verdrängt worden waren, gruben sich zu ihrem Schutz Höhlenwohnungen in die Erde, die in der sommerlichen Hitze kühl und im strengen Winter warm sind. Durch einen Schacht gelangt man zu einem Innenhof, von wo aus die Wohnräume in den Fels gearbeitet wurden. In die Wände geschlagene Nischen dienen als Regale. Betten und Bänke sind aus Lehmziegeln gemauert. Großteils sind diese Höhlen noch bewohnt. Wer aber etwas Geld hat, baut sich ein kleines Steinhaus oder zieht in das etwa 26 km weiter nördlich liegende Nouvelle Matmata. Das Bergland ist felsig und der Boden karg. Die Bewohner leben vom Vorzeigen ihrer Höhlenwohnungen und vom Hotelgewerbe. Troglodytenhäuser wurden zu Touristenhotels umgebaut, *Marhala Touring Club, 100 Betten, Tel. 05/23 00 15,* einfache Höhlenhotels ohne Komfort. *Kategorie 3*. Ein Abstecher zum kleinen, 3 km von Matmata entfernten Berberdorf El Haddech (Haddège) lohnt sich.

## Nationalpark Bou-Hedma (E-F 9)

★ Den Park (16 400 ha) erreicht man von Gabès aus in Richtung Kairouan über Mezzouna (89 km), von Mezzouna nach Bou-Hedma (28 km) nur mit Geländewagen. Das Gebiet besteht aus Savannen und Steppenlandschaft zwischen dem Saharaatlas und der Salzpfanne Sebkhet En-Noual. Schirmakazien, Mendes- und Säbelantilopen, Strauße, Gazellen, Mähnenschafe und Steppenhühner wurden hier wieder eingebürgert. Auch die Vogelwelt zeichnet sich durch ihre Artenvielfalt aus. Neben der Karawanserei Bordj Bou-Hedma entsteht ein Informationszentrum.

## Rundfahrt Kebili-Douz-El Faouar-Kebili (D 12)

★ Von Gabès führt eine gute Straße nach *Kebili* (116 km auf der GP 16), einer Oase am Rande des Chott el Djerid. Die 800 000 Dattelpalmen tragen Früchte bester Qualität. Artesische Brunnen sorgen für ausreichende Bewässerung der Obst- und Gemüsegärten in der Oase. Früher zogen Karawanen aus dem Süden durch Kebili. Sie brachten Gold, Elfenbein, aber auch schwarze Sklaven aus dem Sudan, die hier verkauft wurden. Dunkelhäutige Nachkommen dieser Sklaven leben noch heute hier. In Richtung Douz sprudelt aus einer Thermalbohrung Wasser in ein großes Becken, Baden ist erlaubt. Übernachten kann man in Kebili im *Fort des Autruches, 200 Betten, Tel. 05/49 11 17, Kategorie 2,* einer ehemaligen Fremdenlegions-Kaserne.

*Douz* (28 km), eine kleine Oase am Rande der Sahara, bietet beste Hotels und Unterkünfte für eine Rast oder Übernachtung. Hinter der typischen Saharaoase, fast wie im Bilderbuch, liegen die Wanderdünen und das unendlich weite Sandmeer. Diese beeindruckende Kulisse dient als Veranstaltungsort für die Saharafestspiele Ende Dezember. Donnerstag ist Markttag, ganze Nomadenstämme mit ihren Pferden, Dromedaren und Pick-up-Wagen sind unterwegs zum Kaufen und Verkaufen.

Weiter geht es über Zâafrane und Sabria nach *El Faouar* (38 km). Diese kleine Siedlung war früher nur das Winterquartier der Nomadenstämme, die von hier aus mit ihren Herden durch das Land zogen. In El Faouar wie auch in Zâafrane wird »Nomadenzeltlager« für Touristen eingerichtet. Von hier aus werden Dromedarritte organisiert. Nach Kebili auf einer gut befahrbaren Piste sind es 37 km.

## GAFSA

(C 10) Die Hauptstadt des Phosphatbergbaus (70 000 Ew.) liegt an einem Durchbruch des Saharaatlas und ist das Tor zu den weiten Ebenen des Chott el Djerid und den Oasen Tozeur und Nefta. Das Klima ist hart: im Sommer große Hitze und Trockenheit und im Winter Temperaturen um null Grad. Bei starken Regenfällen tritt der Oued Baïch, der Gafsa in zwei Teile teilt, über die Ufer. Die einfachen, rötlichen Häuser sind massiv gebaut. Die Menschen haben ihren eigenen Stolz und sind rebellisch: Schon Syphax, der Numiderrebell, fand hier Zuflucht.

Gafsa kann auf eine lange Geschichte zurückblicken. Nach den Funden von Steinwerkzeugen und Knochen trägt die Epoche des nordafrikanischen Mesolithikums den Namen Capsien. Die Attraktion von Gafsa sind zwei römische Becken *(piscines romaines)* aus der Zeit, als Gafsa Capsa hieß. Sie werden von artesischen Brunnen gespeist. Von zwei hohen Dattelpalmen springen mutige Jungen ins Wasser, um nach hineingeworfenem Geld zu fischen. Im klaren Wasser leben exotische Fische, die Blaulippenbrüter. Neben den Becken liegt die große Moschee. Die Kasbah, zum Teil zerstört, stammt aus dem 15. Jh. Im letzten Weltkrieg hatte das Afrikakorps dort ein Munitionslager, das von den Alliierten bombardiert wurde. Ein früherer Beypalast beherbergt das ONAT. Die bunten Gafsa-Teppiche werden hier gewebt und gut verkauft. Die Phosphatproduktion um Gafsa ist wegen der niedrigen Weltmarktpreise und der Konkurrenz stark zurückgegangen. 4000 Arbeiter, die dadurch ihren Posten verloren haben, sind z. T. auf landwirtschaftliche Berufe umgeschult worden.

## EINKAUFEN

Die bunten Gafsa-Teppiche gibt es im Office National de l'Artisanat (ONAT), *Rue Sidi Bou Yahia*.

## RESTAURANTS

Kleine Restaurants und Imbißstuben im Stadtzentrum, Place Bourguiba, alle *Kategorie 3*.

### Restaurant im Hotel Gafsa

Gute tunesische und französische Küche, die sehr empfehlenswert ist. *Rue Ahmed Snoussi, Tel. 06/22 24 68, Kategorie 2*

### Semiramis

Gepflegter Rahmen und gute Küche. *Rue Ahmed Snoussi, Tel. 06/22 10 09, Kategorie 2*

## HOTEL

### Gafsa

Liegt in der Stadt, klimatisierte Zimmer mit Komfort. *78 Betten, Centre Commercial, Tel. 06/22 10 00, Fax 22 50 00, Kategorie 2*

# SÜDTUNESIEN

## AUSKUNFT

**Office National du Tourisme**
*Place de la Piscine romaine, Tel. 06/22 16 64*

## ZIELE IN DER UMGEBUNG

### Bergoasen Tamerza, Midès und Chebika (A 10)

★ Die Straße von Gafsa zu den drei Bergoasen (100 km) ist in gutem Zustand und mit jedem Pkw problemlos befahrbar. Auf der Straße nach Tozeur geht es bis Metlaoui, dem Industriezentrum der Phosphatgewinnung Tunesiens. Ein kleines Museum, das Fossilien ausstellt, befindet sich in der Ortschaft. Interessant ist ein Abstecher zu der in 10 km Entfernung gelegenen Seldjaschlucht. Ein Salonzug des Bey von Tunis, der *Lézard rouge*, schlängelt sich dort durch. Ungefähr 3 Std. Fahrt (tD 10). Die 150 m tiefe Felsschlucht mit einer Länge von 15 km, vom Oued Seldja ins Gestein gefressen, ist ein spektakulärer Anblick. Von Metlaoui geht es in Richtung Redeyef durch das Bergland der Phosphatgewinnung nach Tamerza. Eine Strecke, die sich durch Schluchten und kahle Berge mit eindrucksvollen Stimmungen windet.

*Tamerza* am Oued Kanga ist die größte der drei Bergoasen. Nach dem neuen Ortsteil an einem Hang trifft man auf das alte Tamerza mit seiner Oase. Im Tal auf einer Anhöhe inmitten des Oueds hatten Berber eine befestigte Ortschaft gebaut, die jetzt verlassen ist und zerfällt. Der noch bewohnte alte Ortsteil am Rande der Oase besteht nur aus wenigen Häusern. In der Oase wachsen Dattelpalmen, und unter den Palmen sind Gemüsegärten angelegt. Oft verwüsten Wildschweine diese Gärten. Die Tiere kommen aus dem Nachbarland Algerien bis hierher. Das Hotel Tamerza Palace *(130 Betten)*, das mit fünf Sternen ausgezeichnet ist, liegt oberhalb des schmalen Wasserfalls vom Oued Kanga. Es bietet luxuriöse Unterkünfte. *Tamerza Palace, Tel. und Fax 06/45 37 22, Kategorie 1*

Die Bergoase *Midès* liegt eindrucksvoll auf einem Plateau zwischen zwei 60 m tiefen Flußbetten gleich an der algerischen Grenze. Über eine enge und steile Straße mit Schluchten und weitem Blick in die Steppe und dem Chott el Rharsa kommt man nach *Chebika*. Oberhalb des Dorfes ist eine enge Schlucht mit Wasserfall, Palmenhainen und vielen Quellen. Die Straße Tozeur – Chebika ist durchgehend befestigt, auch ohne Geländewagen befahrbar. Die Fahrt geht am Rande des Chott el Rharsa vorbei, der an dieser Stelle 17 Meter unter dem Meeresspiegel liegt. Mit etwas Glück kann man auf dieser Fahrt sogar Gazellen beobachten (Chebika – Tozeur 52 km).

### Chott El Djerid (B-D 11-12)

Eine asphaltierte Straße führt von Tozeur nach Kebili (96 km). Die Überquerung der großen Salzpfanne ist kein Problem mehr, selbst wenn sich der Chott bei starken Regenfällen mit Wasser füllt. Die Überfahrt ist immer wieder ein schönes, sehr lohnendes Erlebnis, und Fata Morganen sind an heißen Tagen kein seltenes Schauspiel. Plötzlich tauchen Palmen oder Wasserflächen am Horizont auf, kommen immer näher und verschwinden dann plötzlich wieder.

**Fahrt durch die Wüste** (O)

Wüstenfahrten sind immer wieder ein einmaliges Erlebnis. Es ist die Weite, die unerwartete Vielfältigkeit, das Licht und die Stille der Sahara, aber auch die Spannung über die Ungewißheit vom Zustand der Fahrtstrecken und von plötzlich zu treffenden wichtigen Entscheidungen. Welche Richtung soll eingeschlagen werden, wenn sich die Piste plötzlich gabelt, oder wie durchquert man am besten eine Sandstrecke und umfährt eine Wanderdüne, die den Weg versperrt? Alle Fahrten in die Wüste sollten nur mit guten Geländewagen, erfahrenen Fahrern und mit mindestens zwei Fahrzeugen gemacht werden. Wasserreserven für einige Tage, etwas Proviant sowie genügend Kraftstoff für den Wagen sind selbstverständlich. Auch die Ersatzreifen müssen in gutem Zustand sein, ein Abschleppseil, Spaten, Werkzeug für Autoreparaturen, eine Taschenlampe und der Verbandskasten sowie Zündhölzer dürfen nicht fehlen. Solide Schuhe und eine Kopfbedeckung sind nötig; Sandbleche, ein Kompaß und Ferngläser können von großer Hilfe sein. Vor der Abfahrt in Ihrem Hotel Bescheid sagen und die vorgesehene Reiseroute angeben. Informieren Sie sich über den Wetterbericht für den Reisetag (Nachrichten am Vorabend), denn bei Vorhersage von Regen, Sandsturm und Schirokko ist es nicht ratsam zu fahren. Ein Vorschlag für

*Grundlage der Oasenwirtschaft: Dattelpalmen in Douz*

eine Wüstentour, die sehr vielfältig, aber nicht ganz einfach ist: Douz – Bir Soltane – Ksar Ghilane – Ksar Ouled Debbab – Foum Tataouine – Médénine – Gabès oder Djerba (Douz bis Foum Tataouine ca. 230 km). Man verläßt Douz auf der Straße in Richtung Matmata. Gleich nach der Ortschaft hört der Asphalt auf, und es geht weiter auf einer Piste in Richtung Osten durch ein unendliches Dünenmeer. Später ändert sich die Landschaft und wechselt zwischen Sand, Steppen mit leichten Hügeln und trockenen Salzpfannen. Nach etwas mehr als 50 km werden die Hügel höher und felsig. Hier ist die Piste oft versandet und biegt nach rechts, zum Süden ab. Linker Hand, auf der Höhe eines Hügels, sind die Reste einer römischen Festung. Nach etwa 85 km stößt man auf eine breite, befestigte Piste, die von Norden

# SÜDTUNESIEN

nach Süden verläuft, entlang der Pipeline von El Hamma bei Gabès bis El Borma zu den Ölbohrungen. Diese Piste führt über Bir Soltane bis nach Ksar Ghilane (ca. 50 km). *Ksar Ghilane* ist eine kleine, künstliche Oase, die mit artesischem Wasser gespeist wird. Ein Touristenrelais wurde dort aufgebaut, es gibt sanitäre Anlagen und Unterkunft in einfachen Gebäuden oder Zelten. Falls Sie dort übernachten wollen, erkundigen Sie sich in Ihrem Hotel oder einem Reisebüro. Ksar Ghilane liegt direkt am Rande des Großen Ergs, eine Wandertour in den hohen Sanddünen ist zwar anstrengend, aber ein einmaliges Erlebnis. Große Dromedarherden halten sich jeden Winter und im Frühjahr in dieser Gegend auf, es sind manchmal mehrere hundert Tiere. Von Ksar Ghilane führt eine Piste in Richtung Osten über Ksar Ouled Debbab nach *Foum Tataouine* (ca. 80 km).˙ Erst geht es durch Sand und leicht geschwungenes Gelände mit Süßgräsern und kleinen Sträuchern. In diesem Gebiet können mit etwas Glück Gazellen und Kragentrappen beobachtet werden. Wundern Sie sich nicht, wenn plötzlich ein großer Wüstenwaran über den Weg läuft. Beim Rasten im Freien immer auf Sandvipern und Skorpione achten! Nach etwa 40 km steigt die Piste an und führt in die Berge des Dahar mit den Berberdörfern, Ghorfas, Ksars und den Jessouren mit riesigen uralten Ölbäumen oder Palmen. Ab Beni Barka ist die Straße wieder asphaltiert und die Fahrt über Tataouine nach dem Norden ohne Schwierigkeiten.

**Nefta** (A 11)

Nefta liegt an einer großen Oase. Ein grüner Talkessel, *la Corbeille*, teilt die Stadt. Die ❖ Terrasse des *Café de la Corbeille* bietet einen großartigen Blick auf Oase und Stadt, bis hin zum Chott El Djerid. Die Neustadt mit dem angrenzenden Soukviertel liegt im Osten. Auf der westlichen Seite ist der ältere Teil mit winkligen Gassen und unzähligen Sakralbauten. Mit über 100 Marabuts und vielen Moscheen ist Nefta Pilgerort und religiöses Zentrum der Jeridoasen. Sehenswert ist der *Marabout des Sidi Bou Ali* mit seiner prachtvollen Kuppel.

## TOZEUR

(B 11) Der Ort (21 000 Ew.) liegt nördlich des Chott el Djerid und überrascht durch seinen eigenartigen Baustil. Kleine, flache, sandfarbene Lehmziegel sind vor- und zurückgesetzt gemauert, so daß die Mauern mit geometrischen Mustern versehen sind. Der auf diese Weise entstehende Schatten hält die Mauern kühl.

Geschäfte, Boutiquen, Restaurants und Cafés liegen in der Stadtmitte an der Place Ibn Chabbat und ihrer Umgebung. Dort befinden sich der überdachte Markt, die Post und das Hotel Splendid. Gleich in der Nähe liegt das Altstadtviertel *Quled Hadef*. Ein Besuch im ★ *Kulturzentrum Dar Cheraït* ist ein Erlebnis: sein Museum *les Trésors de Tunisie*, das maurische Café, das Panoramarestaurant *Cheherazade*, der Nachtclub *Folie Berbers* und der Souk bieten für jeden etwas. Für einen Oasenbesuch finden sich einheimische Führer am

*Filigran: die Lehmziegelarchitektur in der Medina von Tozeur*

Hotel oder an der Place Ibn Chabbat. Ein kleiner *Botanischer Garten* mit dem Erfrischungsstand *Le Paradis*, und der Weg zum ☆ Belvédère auf einem Felsvorsprung mit wunderbarer Aussicht über die Oase und die Landschaft des Chotts sind sehenswert. Der internationale Flughafen und Sahara-Safaris bringen viele Touristen nach Tozeur. Übernachten kann man im Hotel *Abou Nawas*, Hotel *Phedra* oder im kleineren Hotel *Basma (176 Betten)*. Außerdem gibt es noch eine sehr individuelle Anlage des Club Méditerranée, *Ras el Aïn*. Überall in Tozeur werden schöne Sandrosen zu günstigen Preisen angeboten. Hinter der Mobil-Tankstelle finden Sie den *Zoo du Désert*. Dort werden Skorpione und dressierte Schlangen vorgeführt. Tijani, der Gründer des Zoos, war eine legendäre Figur. Die Schlangenbeschwörer, die sich am Abend in den Hotels produzieren, sind, wenn nicht seine Söhne, seine Schüler. Ende des Jahres findet ähnlich wie in Douz ein Sahara-Festival statt. *Hotel Abou Nawas, 184 Betten, Tel. 06/45 27 57, Fax 45 26 86, Kategorie 2; Hotel Phedra, 182 Betten, Tel. 06/45 22 00, Kategorie 2; Hotel Hafsi, 280 Betten, Tel. 06/45 09 66, Fax 45 27 26, Kategorie 2, Dar Cherait* (Hotel und Kulturzentrum), *Tel. 01/45 48 88, Kategorie 1*

# SÜDTUNESIEN

## DIE INSEL DJERBA

(**H-J11**) Djerba (90 000 Ew.) liegt vor der Südküste Tunesiens im Golf der Kleinen Syrte. Die flache, grüne Insel (514 qkm) ist ein Ferienparadies, wie man es sich wünscht.

Die Insel ist leicht zu erreichen: Der internationale Flugplatz in Mellita ist nicht weit von der kleinen Hauptstadt Djerbas, Houmt Souk, entfernt. Eine Autofähre setzt von Djorf (vom Festland) nach Adjim auf Djerba über, außerdem verbindet ein auf römischen Fundamenten aufgeschütteter Damm die Insel mit dem Festland (von Zarzis nach El-Kantara).

Mehr als eine Million Dattelpalmen wachsen auf der Insel, einige der Ölbäume mit ihren bizarren Stämmen stammen aus römischer Zeit, sind also mehr als 1500 Jahre alt. Über die ganze Insel verstreut stehen mehr als 2000 ungewöhnlich geformte Brunnen und Zisternen. Da das Grundwasser nicht mehr ausreicht und der Tourismus sowie die Ortschaften immer mehr Wasser brauchen, wird Djerba vom Festland aus durch eine Pipeline mit Wasser versorgt. Eindrucksvoll sind die vielen weißleuchtenden Moscheen, Marabuts und Zaouias. Die meisten Inselbewohner sind Kharedjiten, eine puritanische, konservative Richtung des Islams. Sie sind ein besonderer Menschenschlag, sehr geschäftstüchtig und fleißig. Der Berberdialekt wird noch gesprochen, alte Sitten und Gebräuche sind nicht vergessen. Zur Tracht der Frauen gehört ein großer Strohhut, der fast an Mexiko erinnert.

Die Reize der Insel sind der weite Strand, das blaue Meer, das gemäßigte Klima und die Sonne. Die Strandzone liegt abseits der einzelnen Siedlungen im Osten der Insel. Über 20 km am Meer entlang entstanden Hotels, Bungalowanlagen und Ferienwohnungen für Urlauber. Die Gastfreundschaft und Offenheit der Einwohner den Fremden gegenüber machen das Einleben leicht. Man fühlt sich schnell wohl. Schon Odysseus machte diese Erfahrung, als er auf seinen Irrfahrten auf Djerba landete. Als Kundschafter schickte er seine Gefährten auf die Insel. Sie wurden dort von den Bewohnern, die man auch Lotophagen nannte, mit Lotosfrüchten bewirtet. Diese süßen Früchte ließen sie alles vergessen, und sie wollten die Insel nicht mehr verlassen. Odysseus hatte große Mühe, seine Mannen wieder an Bord zu holen. Bis zur Abfahrt mußte er sie anketten, damit sie der Verführung nicht verfielen, auf die Insel zurückzukehren.

*Moschee auf Djerba*

Die Insel hat eine bewegte Vergangenheit. Erst war sie eine phönizische Handelsniederlassung, unter den Römern hieß sie dann Menix und diente als Handelsplatz für durchziehende Karawanen aus dem Süden der Sahara. Vandalen, Araber und Normannen kämpften um die Insel. Die zuletzt ansässigen Spanier wurden von dem gefürchteten Piraten Dragout, der im Dienste der Türken stand, überfallen – 5000 von ihnen wurden damals getötet. Aus den Schädeln der Opfer ließ er einen Turm neben der Burg in Houmt Souk bauen: »Bordj el Ras«, der Schädelturm. 1848 befahl der Bey von Tunis, den Turm abzutragen. Ein Denkmal erinnert an die makabre Pyramide.

Die Hauptstadt der Insel Djerba ist *Houmt Souk* (ungefähr 25 000 Ew.) mit Fischerhafen, Einkaufszentrum, Banken, Post, Souvenirläden, Restaurants und Cafés. Um die Place Bechir Seoud und die Av. Bourguiba findet am Montag und Donnerstag der schon touristisch angehauchte Markt statt, die Souks liegen gleich nebenan. Außer den üblichen Souvenirs werden die für Djerba typischen gewebten Wolldecken angeboten. Zweistöckige alte Foundouks mit ihrem quadratischen Innenhof sind zu Hotels oder Restaurants umgewandelt worden. Sehenswert ist die *Zaouia des Sidi Brahim el Djama* am gleichnamigen Platz. Das viereckige Minarett der Djama el Ghorba, der

*Farbenfrohe Fischerboote im Hafen von Houmt-Souk*

# SÜDTUNESIEN

> ### Klemmschuh
>
> Wer falsch parkt oder seine Parkuhr hat ablaufen lassen, bekommt einen gelben Klemmschuh an den Reifen seines Wagens. Das Auslösen bei der nächsten Polizeistation, um wieder mobil zu werden, kostet 8 tD. Um diesen Schereieien zu entgehen und immer einen guten Platz zu haben, hatte ein schlauer Tunesier, unglaublich, aber wahr, einen Klemmschuh aus Frankreich mitgebracht, den er nach Belieben an- und abschraubte. Bis ihn eines Tages ein Polizeiwagen bei seiner Arbeit ertappte.

»Fremdenmoschee« (17. Jh.), und die sieben Kuppeln mit dem runden Minarett der Türkenmoschee sind vom Hotel Marhala aus gut zu sehen. Ein *Volkskundemuseum* befindet sich in der *Zaouia Koubt el Khial* (»Kuppel der Phantome«). Es werden traditionelle Kleidung, Schmuck und Töpferarbeiten mit anschaulichen Erklärungen gezeigt. Vom Hafen sieht man das *Fort Espagnol* (»Bordj el Kebir«). Es wurde im 13. Jh. gebaut, der heutige Bauzustand stammt aber im wesentlichen aus der Zeit Dragouts. Ein *Archäologisches Museum* hat darin schon einige Räume belegt, es soll weiter ausgebaut werden. Zwischen dem Hafen und der Festung befindet sich das obeliskartige Denkmal des Schädelturms.

## BESICHTIGUNGEN

### Die Menzel

Die weitläufig gelegenen Häuser der Insel haben einen besonderen Baustil und werden Menzel genannt. Sie haben mit ihren Mauern ohne Fenster das Aussehen kleiner Festungen. Auf jeder Hausecke sitzt ein viereckiger Turm. Das ganze Haus ist strahlend weiß gekalkt, und das Dach besteht aus mehreren Tonnengewölben oder Kuppeln, die den Räumen angenehme Kühle bescheren. Die Innenhöfe sind bepflanzt mit Blumen und einem Oliven- oder Feigenbaum. Manchmal ragt auch eine Palme über die Dächer hinaus. Zum Schutz des Hauses sind sehr stachelige, kleinblättrige Feigenkakteen als dichte, undurchdringliche Hecke rundum angelegt. Schon auf römischen Mosaiken trifft man diesen Baustil. Die Moscheen auf Djerba in ihrer schlichten, harmonischen Form sind typisch für diese Architektur.

### Hara-Sghira (heute Er-Riadh) und Hara-Kbira (H-I 11)

Die jüdische Gemeinde Djerbas lebt in diesen Siedlungen. Nach der Zerstörung Jerusalems im Jahre 70 n. Chr. haben sich die ersten Juden hier angesiedelt. Sie waren Gold- und Silberschmiede. Viele schöne alte Silber- und Filigranarbeiten stammen von hier. Über die Entstehung der *Synagoge El Ghriba* (»die Wunderbare«) gibt es verschiedene Legenden: Ein Meteorit, der an dieser Stelle einschlug, war der Fingerzeig Gottes oder ein Stein aus dem zerstörten Tempel in Jerusalem. Durch Abwanderung in den letzten Jahren zählt die

Gemeinde nur noch 1000 bis 2000 Seelen, und auch das große Pilgerfest nach Ostern hat mittlerweile an Bedeutung verloren. Ausschließlich mit Kopfbedeckung dürfen Sie die Synagoge betreten, in der alte Thorarollen und Kultgegenstände ausgestellt werden.

## RESTAURANT

Einfache Speiselokale, aber gutes Essen gibt es in Houmt Souk vor allem an der *Place Sidi Brahim, Place Hedi Chaker, Av. Bourguiba, alle Kategorie 3*

### Restaurant Haroun
Ausgezeichnete Fischgerichte in einem gepflegten Restaurant. *Houmt Souk, am Hafen, Tel. 05/65 04 88, Kategorie 2*

## EINKAUFEN

Typisch sind die gewebten Wolldecken. Alter Berberschmuck ist selten geworden, aber es wird Silberschmuck nach überlieferten Formen im jüdischen Viertel angeboten.

## HOTELS

### Arisha
In alten Fonduks eingerichtetes, einfaches, preiswertes Hotel in der Altstadt. *40 Betten, Tel. 05/65 03 84, Kategorie 3*

### Menzel
Am Seguia-Strand, originelle Bauweise der Bungalows in einer weitläufigen Gartenanlage. Zu empfehlen für Gäste, die Ruhe und Erholung suchen. *412 Betten, Midoun, Tel. 05/65 70 70, Fax 65 71 24, Kategorie 1*

### Ulysse Palace
Gepflegtes Hotel für hohe Ansprüche. *598 Betten, Plage Sidi Mahrez, Tel. 05/65 74 22, Fax 65 78 50, Kategorie 1*

### Yadis
Für einen Badeurlaub sehr zu empfehlen. Großzügige Anlage mit viel Strand und Freizeitbeschäftigung, auch für Kinder. Gepflegte Aufenthaltsräume. Gutes Essen. *600 Betten, Tel. 05/65 82 35, Fax 65 72 23, Kategorie 1*

## SPIEL UND SPORT

In allen Hotels, die am Strand von Sidi Mahrez und am Strand de la Seguia liegen, gibt es ein reichhaltiges Sportangebot.

## AUSKUNFT

### Syndicat d'Initiative
*Houmt Souk, Ave. Bourguiba, neben der Post, Tel. 05/65 01 57*

## ZIELE AUF DJERBA

### El-Maï (I 11)
Der kleine Ort mit ungefähr 5000 Einwohnern hat eine interessante ibadische *Moschee, Oum el Turkia*, aus dem 16. Jh.

### Guellara (H 11)
Die Töpferstadt an der Südküste ist ein beliebtes Ausflugsziel. Die Töpfer arbeiten noch immer nach altüberlieferten Methoden. Ihre Brennöfen sind tief in die Erde gegraben und sehen fast wie Katakomben aus. Nur durch die vielen Tonscherben auf ihren Kuppeldächern sind sie erkennbar. Die Töpfer arbeiten und leben in ihren Werkstätten. Der weichgestampfte Ton wird zu

# SÜDTUNESIEN

*Die Festung von Houmt-Souk*

Amphoren, Schüsseln und Krügen geformt und in zugemauerten Räumen gebrannt. Früher wurden von Guellara alle Mittelmeerstaaten mit Tonprodukten beliefert, aber diese Art bombastischer Keramik ist nicht mehr gefragt, und die Töpferstadt verfällt. In einigen Geschäften werden kunstvoll imitierte kleine römische Amphoren aus rotem Ton angeboten.

### Midoun (I 11)

Die zweitgrößte Stadt Djerbas mit ihrem Freitagsmarkt, der Medina und den Moscheen ist eine pittoreske, auf den Tourismus eingestellte Ortschaft. Die dunkelhäutigen Menschen sind Nachkommen der schwarzen Sklaven, die 1846 durch Ahmed Bey freigesprochen wurden.

## ZIELE AUF DEM FESTLAND

### Médénine (H 12)

Die Provinzstadt (26 000 Ew.) auf dem Festland war als Zentrum der Djeffara-Ebene Umschlagplatz für Waren, die Karawanen aus Libyen und Schwarzafrika brachten. Das Handelsgut, aber auch die eigene Ernte wurden in befestigten Tonnengewölben untergebracht, den *Ghorfas*. Mehrere Ghorfas übereinander gelegen und um einen Hof gruppiert ergeben ein *Ksar*. Leider wurden viele dieser Ghorfas abgerissen, um modernen Wohnvierteln Platz zu machen. Einige Ghorfas und Ksour blieben erhalten, andere wurden wieder restauriert und sind heute die Attraktion von Médénine. Von Médénine nach *Foum Tatahouine* (49 km) führt eine asphaltierte Straße in das Bergland der Dahar mit den Bergdörfern der Berber. Rundfahrten werden in den meisten Hotels angeboten. Besonders sehenswert sind *Ksar Haddada* mit dem Höhlenhotel gleichen Namens, *Chenini* (10 km von Foum Tatahouine) mit seinen Höhlenwohnungen und einer unterirdischen Moschee und *Douirat*, in dessen altem Ortsteil eine große Festung steht.

### Zarzis (I 12)

Zarzis (15 000 Ew.) ist der südlichste Ferienort an Tunesiens Küste. Er wird gerne als ein Teil von Djerba »verkauft«, obwohl er überhaupt nicht mehr dazu gehört (20 km bis Djerba). Neben dem alten Fischerhafen wurde jetzt ein neuer Hafen für große Schiffe als Freihafen gebaut. Zwischen Palmen und den Häusern der Vorstadt, etwa 3 km vom Ort entfernt, an einem ausgedehnten Sandstrand liegen die Hotels. Das Hotel *Zarzis* ist für einen Urlaub mit Kindern besonders zu empfehlen. *Hotel Zarzis, am Strand von Lella Mariem, Tel. 05/68 01 60, Kategorie 2*; *Hotel Club Sangho, Tel. 05/68 01 24, Kategorie 2*

**PRAKTISCHE HINWEISE**

# Von Auskunft bis Zoll

*Hier finden Sie kurzgefaßt die wichtigsten Adressen und Informationen für Ihre Tunesienreise*

## AUSKUNFT

**Tunesisches Fremdenverkehrsamt**
*60329 Frankfurt/Main, Am Hauptbahnhof 6, Tel. 0 69/23 18 91/92*
*40210 Düsseldorf, Steinstr. 23, Tel. 02 11/8 42 18*
*10707 Berlin, Kurfürstendamm 171, Tel. 030/8 85 04 57*
*1010 Wien, Landesgerichtsstr. 22, Tel. 02 22/4 08 39 60/44*
*8001 Zürich, Bahnhofstr. 69, Tel. 01/2 11 48 30/31*

## ARZT

Nach einem Arzt fragen Sie in Ihrem Hotel. Unterwegs holen Sie sich Hilfe in der Apotheke *(Pharmacie)*. Diensthabende Ärzte, Apotheken und Notrufnummern stehen in jeder Tageszeitung. Impfungen sind in Tunesien nicht erforderlich.

## AUTO

Vorgeschrieben ist die grüne Versicherungskarte. Zu empfehlen

*Preiswertes Transportmittel: Taxi in Tunis*

sind Vollkaskoversicherung und Diebstahlversicherung für Auto und Reisegepäck. Für die Schadenregelung ist ein Polizeiprotokoll erforderlich.

Die Höchstgeschwindigkeit in Ortschaften 50 km/h, auf Landstraßen 90 km/h und auf der Autobahn 110 km/h.

**Automobilclubs**
Der tunesische Automobilclub vertritt den ADAC.
*National Automobile Club, 28, Av. Habib Bourguiba, 1000 Tunis, Tel. 01/24 39 21*

## BAHN

Bahnlinien führen von Norden bis Gabès zu den wichtigsten Orten.

Die Züge sind verhältnismäßig modern, die 1. Klasse ist sogar klimatisiert und nicht teuer.

## BANKEN

Die Landeswährung ist der tunesische Dinar (tD). Ein tunesischer Dinar hat 1000 Millimes, es gibt 1, 2, 5, 10, 20, 50, 100, und 500 Millimes in Münzen.

Ebenso 1 Dinar als Münze und 5, 10, und 20 Dinare als Scheine in mehreren Farben.

In allen Banken und in ihrem Hotel kann Geld gewechselt werden. Traveller- und Eurocheques werden überall angenommen. Große Banken, Hotels, Restaurants und staatliche Geschäfte wie das ONAT in Tunis akzeptieren auch Kreditkarten. *Öffnungszeiten der Banken Mo–Do 8–12.30 Uhr und 14–17 Uhr, Fr 8–12 Uhr und 13.30–16.30 Uhr, Sa und So geschl. Einige Wechselstuben sind auch an Sonn- und Feiertagen geöffnet (Flughäfen, Häfen, Hotels etc.)*

## BOTSCHAFTEN

### Deutsche Botschaft
*1, Rue El Hamdis Mutuelleville, 1002 Tunis, Tel. 01/78 64 55*

### Österreichische Botschaft
*16, Rue Ibn Hamelis, 1004 El Menzah, Tunis, Tel. 01/23 86 96*

### Schweizer Botschaft
*12, Rue Chenkiti, 1002 Tunis Belvédère, Tel. 01/28 19 17*

## BUS

Ein dichtes Liniennetz nationaler und privater Busgesellschaften durchzieht ganz Tunesien. In großen Städten gibt es die *gare routière*, den zentralen Busbahnhof, in kleinen Orten Abfahrt im Zentrum.

## CAMPING

»Wildes« Campen ist erlaubt, aber nicht ratsam. In allen Touristenzonen gibt es eingerichtete Campingplätze.

## FLUGGESELLSCHAFTEN

### Deutsche Lufthansa
*Complexe El Mechtel, Bd. Ouled Haffouz, 1005 Tunis, Tel. 01/79 44 11, Fax 79 11 00*

### Swissair
*La Charguia, 1001 Tunis, Tel. 01/70 53 11, Fax 70 35 30*

### Tunis Air
*48, Av. Habib Bourguiba, 1000 Tunis, Tel. 01/78 51 00, Fax 70 00 08*

## FOTOGRAFIEREN

Filme sind in Tunesien so teuer wie bei uns (auf das Verfallsdatum achten!). In von Fremden wenig besuchten Landstrichen möchten die Bewohner, vor allem Frauen, nicht fotografiert werden. Fotografieren des Präsidentenpalastes, von Militäranlagen und Häfen ist nicht erlaubt. Bei Ausgrabungsstätten wird 1 tD verlangt.

## INLANDFLÜGE

Tun-Inter und Tunis Air fliegen Monastir, Djerba, Sfax, Tozeur und Tabarka an.

## JAGD

Für Touristen ist nur die Jagd auf Wildschweine, Schakale und Füchse erlaubt. Man muß über ein von der Forstverwaltung anerkanntes Hotel oder Reisebüro vor Abreise buchen. Waffeneinfuhr, Organisation der Jagd und obligatorische Versicherung werden von diesen dann geregelt: *Hotel Lido* (s. Nabeul), *Hotel Mimosa* (s. Tabarka), *Hotel Cillium* (s. Kasserine).

# PRAKTISCHE HINWEISE

**Tour Afric**
*52, Av. Habib Bourguiba,*
*1000 Tunis, Tel. 01/34 14 88*

## JUGENDHERBERGEN

**Association Tunisienne des Auberges de Jeunesse**
*73, Av. Habib Bourguiba,*
*1000 Tunis, Tel. 01/24 60 00*

## LEIHWAGEN

Niederlassungen internationaler und nationaler Autoverleiher gibt es in allen touristisch erschlossenen Orten. Eine Vermittlung ist über die meisten Hotels möglich.

## PASS

Ein gültiger Reisepaß reicht für einen viermonatigen Aufenthalt bei Deutschen, drei Monate für Österreicher und Schweizer.

## POST – TELEFON

Postämter (PTT) gibt es auch in kleinen Orten. Telefongespräche können Sie von allen Postämtern oder Taxiphones (gelbe Telefonzellen) führen. Eine Minute nach Europa kostet ungefähr tD 1. Die 0 der Inlandsvorwahl entfällt
*Vorwahl Deutschland 00 49*
*Österreich 00 43*
*Schweiz 00 41*
*Vorwahl Tunesien 0 02 16*
Ein Brief nach Europa kostet 0,450 tD, eine Postkarte 0,350 tD.
*Öffnungszeiten der Postämter Mo–Fr 8–12 Uhr und 15 bis 18 Uhr, Sa von 8–12 Uhr.* Briefmarken sind auch in allen Tabakläden erhältlich.

## REISEZEIT UND KLIMA

Für einen Badeurlaub eignen sich die Monate Juni bis September, für Urlaub mit Reisezielen im Landesinneren oder im Süden Tunesiens die Monate Oktober bis April (warme Kleidung).

## STROMSPANNUNG

220 Volt, in Südtunesien manchmal 110 Volt. Steckdosen mit kleinen Eingängen. Ein Zwischenstecker empfiehlt sich.

## TAXI UND SAMMELTAXI (LOUAGES)

Die Grundgebühr beim Einsteigen in ein Taxi ist tD 0,280. Überlandtaxis am Busbahnhof.

## TIERE

Für Hunde und Katzen ist ein Tollwut- und Staupe-Impfzeugnis erforderlich. Es muß älter als einen Monat sein, darf aber sechs Monate nicht überschreiten.

## TRINKGELD

Im Restaurant ist die Bedienung inbegriffen, es werden aber vom europäischen Gast zehn Prozent vom Rechnungsbetrag erwartet (nicht mehr als 5 tD).

## ZEIT

In Tunesien gilt die Mitteleuropäische Zeit (MEZ), eine Sommerzeit gibt es nicht.

## ZEITUNGEN

Deutsche Tageszeitungen und Illustrierte gibt es an Kiosken in der Stadt und – noch bequemer – im Hotel zu kaufen.

## ZOLL

Die tunesische Währung ist nicht konvertierbar, und es dürfen keine tunesischen Dinare ein- oder ausgeführt werden. Devisen können frei eingeführt werden. Bei höheren Beträgen ist eine Devisenerklärung zu empfehlen. Das Formular bekommen Sie bei der Ankunft. Bewahren Sie Ihre Umtauschbelege auf, sie werden gebraucht, wenn Sie bei der Ausreise Dinare wieder zurücktauschen wollen. Zollfrei sind außer Ihren persönlichen Sachen: 200 Zigaretten, 100 Zigarren oder 500 g Tabak. Alkohol bis zu 25 Prozent 2 Liter, über 25 Prozent 1 Liter.

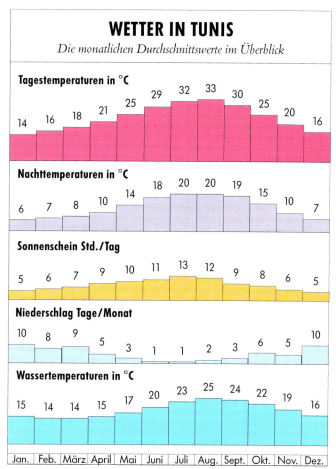

**WARNUNG**

# Bloß nicht!

*Auch in Tunesien gibt es – wie in allen Reiseländern – Touristenfallen und Dinge, die man besser meidet*

### Spaziergang
Es ist unbedingt zu vermeiden, als Frau bei Dunkelheit alleine, vor allem am Strand, in einsamen Gegenden oder in der Medina spazierenzugehen.

### Wiedererkennen
Junge Männer sprechen Touristen vor den Souks oder in einer Hotelhalle immer mit dem gleichen Trick an: Erkennen Sie mich nicht wieder? Ich bin Ihr Kellner im Hotel! So versuchen sie, auf plumpe Art Bekanntschaft zu machen. Wenn Sie darauf eingehen, haben Sie für den Rest des Tages jemanden im Schlepptau. Ähnlich ist es mit der vorgetäuschten Autopanne vor Kairouan. Wenn Sie anhalten, um aus der Patsche zu helfen, landen Sie in einem Teppichladen.

### Barfuß laufen
In ganz Tunesien gibt es Schlangen und Skorpione. Giftschlangen sind im Süden häufiger als im Norden des Landes. Dort kommen die Horn- und Sandviper, die Levante-Otter und Kobras vor. Bei Touren durch das Land und vor allem im Süden sollten Sie feste Schuhe anziehen. Es ist gefährlich, barfuß zu laufen oder offene Sandalen zu tragen. Beim Zelten ist ebenso Vorsicht geboten. Licht und Wärme ziehen Skorpione und Schlangen an. Sie verstecken sich gerne in Schuhen und Kleidung. Am besten vor dem Anziehen einmal ausschütteln.

### Früchte am Straßenrand
Häufig werden an den Landstraßen frische Früchte angeboten, vor dem Verzehr sollten sie unbedingt gewaschen oder geschält werden. Vor allem bei Weintrauben ist das sehr wichtig, da sie an den Reben mit Kupfervitriol gespritzt werden.

Ebenso gefährlich kann es sein, den an der Landstraße angebotenen Palmwein, den *Legmi*, zu trinken. Er ist oft schon gegoren oder mit unreinem Wasser gepanscht, und das kann schlimme Folgen haben. Palmwein, der frisch »gezapft« wurde, ist kühl getrunken dagegen eine Delikatesse, die man unbedingt einmal ausprobieren sollte.

### Lebende Tiere
Kaufen Sie niemals lebende Tiere wie Wüstenfüchse, Chamäleons, Falken usw. oder Tierprodukte wie Schildkrötenpanzer, ausgestopfte Warane oder Dornschwänze, Atlashirschgeweihe usw. Diese Tiere sind geschützt und werden am tunesischen Zoll oder spätestens in Ih-

### Taxifahrten

In Tunis hat sich bei einigen Taxifahrern eine Unsitte eingeschlichen: Sie fordern von Touristen vollkommen überhöhte Preise, vor allem vom Flughafen in die Stadt, da Neuankömmlinge mit der Währung oft nicht vertraut sind. Es ist daher geraten, auf den Zähler zu achten oder vor Fahrtantritt den Preis auszumachen. Eine Fahrt vom Flughafen in die Innenstadt mit einem kleinen Taxi darf ungefähr 3,000 tD kosten. Mit einem großen Taxi kann der Preis bis zu 10,000 tD betragen.

*Lebende Tiere sind als Souvenir denkbar ungeeignet*

# REGISTER

*In diesem Register sind die in diesem Führer erwähnten Sehenswürdigkeiten, Orte und Hotels verzeichnet. Halbfette Seitenzahlen verweisen auf den Haupteintrag, kursive auf ein Foto.*

**Orte**
Aïn Draham 46
Amphitheater von El Djem 69
Bassins des Aghlabides, Kairouan 59
Beni Khiar 43
Bir Barrouta 59
Bizerte 38
Bulla Regia 46
Centre Cultural International Hammamet 40
Chebika 79
Chemtou 46
Chott el Djerid 79
Dar Ben Abdallah 48
Djerba *17*, 33, **83**
Dougga 32, **52**
Douz 33, **77**
El Alia 39
El Faouar 77
El Haouaria 32, *33*, **42**
El May 86
Ellès 62
Er Riadh 85
Fort Espagnol, Bizerte 38
Gabès 74
Gafsa 78
Gammarth 53
Genuesische Festung Tabarka 45
Ghar-El Melh 39
Grabmal des Sidi Boulbaba, Gabès 75
Grande Mosquée, Kairouan 59
Guellala 86
Haidra 62
Hammamet 32, *34*, **40**
Hara-Kbira 85
Hara-Sghira 85
Hergla 70
Houmt-Souk, Djerba 84, 87
Kairouan 58
Kamelmarkt, Nabeul 44
Karthago *4*, 32, *37*, **53**
Kasserine 61
Kebili 77

Kelibia 32, **42**
Kerkenna 33, **66**
Kerkouane 42
Korba 42
Korbous 42
La Goulette 53
Le Vieux Port, Bizerte 38
Le Kef 62
Les Aiguilles 45
Mahdia 70
Maktar 62
Matmata 76
Médénine 87
Menzel 85
Midès 79
Midoun 87
Monastir 33, **71**
Moschee Sidi Amor Abada, Kairouan *10*, **60**
Nabeul *23*, 31, 42, **43**
Nationalpark Bou-Hedma 77
Nationalpark Djebel Chambi 62
Nationalpark Ichkeul 37, **39**
Nefta 81
Port el Kantaoui 71
Raf-Raf 39
Salammbô 54
Sbeïtla 64
Sfax *56*, 64
Sidi-Bou-Saïd 33, **54**
Sidi-Daoud 43
Sidi Raïs 42
Soliman-Plage 55
Sonntagsmarkt, Sousse 67
Sousse *8*, *21*, *24*, 33, **66**
Tabarka 45
Table de Jugurtha 62
Tamerza 79
Testour 52
Thuburbo Majus 55
Thyna 66
Tozeur 33, **81**
Tunis 33, **46**, *88*
Utique 39
Zaghouan 55

Zaouia Sidi Sahab, Kairouan 60
Zarzis 87
Zoologischer Garten, Tunis 50

**Hotels**
Abou Nawas, Hammamet 41
Abou Nawas, Tunis 51
Amina, Kairouan 61
Arisha, Djerba 86
Chems, Gabès 76
Club Aldiana, Nabeul 44
Continental, Kairouan 61
Corniche, Bizerte 39
El Mechtel, Tunis 52
Gafsa, Gafsa 78
Hilton, Tunis 52
Iberhotel Green Park, Sousse 68
Hotel Orient Palace, Sousse, 69
Hotel Regency, Hammamet 41
Hotel Tej Marhaba, Sousse 69
Les Jasmins, Nabeul 44
Lido, Nabeul 44
L'Olivier, Sfax 65
Majestic, Tunis 52
Mehari Beach, Tabarka 45
Menzel, Djerba 86
Mimosa, Tabarka 45
Nejib, Gabès 76
Oasis, Gabès 76
Residence Aïn Mariem, Bizerte 39
Royal Phenicia, Hammamet 41
Selima-Club, Sousse 69
Splendid, Kairouan 61
Sfax Center, Sfax 65
Ulysse Palace, Djerba 86
Yadis, Djerba 86

# Was bekomme ich für mein Geld?

 Der offizielle Tauschkurs wird jeden Tag von der Zentralbank festgelegt und wird in den Banken und Tageszeitungen bekanntgegeben, z. Z. 10 Mark = tD 6,400. 1 tD hat also etwa den Wert von 1.60–1.63 Mark. Für jeden Euroscheck werden auf der Bank 200 tD ausgezahlt. Beim Geldumtausch erhalten Sie einen Beleg, den Sie aufheben sollten. Er muß bei evtl. Rücktausch vorgelegt werden. Die Preise für Getränke variieren je nachdem, wo Sie Ihren Durst stillen wollen. Wenn Sie nur stehend an einer Bar in der Stadt ein Bier trinken, kostet es tD 0,800–1,000. In einem einfachen Hotel müssen Sie für das gleiche Celtiabier mit tD 2,000 rechnen und in einem vornehmen Hotel sogar tD 3,000 bezahlen. Ebenso unterschiedlich sind die Preise für eine Cola oder ähnliche Erfrischungsgetränke: Sie reichen von tD 0,300 bis tD 1,500.

Ein Kaffee kostet zwischen tD 0,300 und 0,800. Ein Orangensaft aus frischen Orangen kostet in der Avenue Bourguiba in Tunis tD 0,800. Wenn Sie sich dazu auf die Terrasse des Hotels Afrika setzen wollen, beträgt der Preis tD 1,500. Ein Stück Kuchen kostet in Konditoreien je nach Sorte tD 0,500 bis 0,800. Im ganzen Land können Sie an kleinen Imbißständen und bei fast jedem Lebensmittelhändler (épicier) für den kleinen Hunger ein gutschmeckendes Sandwich (casse croute) kaufen. Es wird frisch zubereitet mit dem Belag Ihrer Wahl und kostet 0,600 bis 0,750 tD. Früchte, die je nach Saison auf der Landstraße verkauft werden, sind meistens teurer als auf den kleinen Märkten, die Sie überall antreffen. Ein Ortsgespräch kostet tD 0,100, ein Ferngespräch nach Europa etwa tD 1,000 pro Minute. Hotels berechnen mehr. Eine Ansichtskarte am Kiosk kostet tD 0,150, eine Kunstkarte tD 1,500 bis 2,000. Ein Kinobesuch je nach Platz zwischen tD 1,700 und tD 2,300. Eine tun. Tageszeitung kostet tD 0,300. Eine deutsche, z. B. die Welt, tD 2,– bis 2,300. Eine Illustrierte, z. B. Petra: tD 5,600. Der Eintritt in Museen beträgt im allgemeinen tD 2,000–3,000. Fotografieren dort tD 2,000.

**Damit macht Ihre nächste Reise mehr Freude:**

**Die neuen Marco Polo Sprachführer. Für viele Sprachen.**

Sprechen und Verstehen ganz einfach. Mit Insider-Tips.

Das und vieles mehr finden Sie in den Marco Polo Sprachführern:
- Redewendungen für jede Situation
- Ausführliches Menü-Kapitel
- Bloß nicht!
- Reisen mit Kindern
- Die 1333 wichtigsten Wörter

## SPRACHFÜHRER ARABISCH

# Sprechen und Verstehen ganz einfach

> Zur Erleichterung der Aussprache sind alle arabischen Wörter mit einer einfachen Aussprache (in der mittleren Spalte) versehen.
> Folgende Zeichen sind Sonderzeichen für die arabische Aussprache:
> t wie das stimmlose engl. „th" in **th**ing, und ḏ wie das stimmhafte „th" in **th**e.
> ā, ū, ī werden lang ausgesprochen wie in *Hahn, Huhn, Miete*.

## AUF EINEN BLICK

| | | |
|---|---|---|
| Ja. | naam | نَعَمْ |
| Nein. | lā/kallā | لَا / كَلَّا |
| Bitte. | afwan | عَفْوًا |
| Danke! | schukran | شُكْرًا! |
| Entschuldigung! | uḏran | عُذْرًا! |
| Wie bitte? | naam | نَعَمْ؟ |
| Können Sie mir bitte helfen? | hal tastatīu musāadatī min fadlika | هَلْ تَسْتَطِيعُ مُسَاعَدَتِي مِنْ فَضْلِكَ؟ |
| Ich möchte ... | urīd ... | أُرِيدُ ... |
| Wieviel kostet es? | māḏa jukallif | مَاذَا يُكَلِّفُ؟ |
| Wieviel Uhr ist es? | kami s-sāa | كَمِ السَّاعَةُ؟ |

## KENNENLERNEN

| | | |
|---|---|---|
| Guten Tag! | as-salāmu alajkum | السَّلَامُ عَلَيْكُمْ! |
| Guten Abend! | masāa l-chajr | مَسَاءَ الْخَيْرِ! |
| Hallo!/Grüß dich! | marhaban | مَرْحَبًا! |
| Auf Wiedersehen! | ilā l-liqā/ maa s-salāma | إِلَى اللِّقَاءِ/ مَعَ السَّلَامَةِ! |
| Tschüs! | salām | سَلَامٌ! |

## UNTERWEGS

### Auskunft

| | | |
|---|---|---|
| links/rechts | jasāran / jamīnan | يَسَارًا / يَمِينًا |
| geradeaus | ilā l-amām | إِلَى الأَمَامِ |
| nah/weit | qarīb / baīd | قَرِيبٌ / بَعِيدٌ |
| Bitte, wo ist …? | min fadlika, ajna … | مِنْ فَضْلِكَ، أَيْنَ …؟ |
| Wie weit ist das? | kami l-masāfa | كَمِ الْمَسَافَةُ؟ |

### Panne

| | | |
|---|---|---|
| Ich habe eine Panne. | taattalat sajjāratī | تَعَطَّلَتْ سَيَّارَتِي |
| Würden Sie mich bis zur nächsten Werkstatt mitnehmen? | hal tastatīu sahba sajjāratī hattā aqrab warscha | هَلْ تَسْتَطِيعُ سَحْبَ سَيَّارَتِي حَتَّى أَقْرَبَ وَرْشَةٍ؟ |
| Wo ist hier die nächste Werkstatt? | ajna tūdschad aqrab warscha | أَيْنَ تُوجَدُ أَقْرَبُ وَرْشَةٍ؟ |

### Tankstelle

| | | |
|---|---|---|
| Ich möchte … Liter | urīd … litr | أُرِيدُ … لِتْرًا |
|   Normalbenzin. | mina l-bansīni l-ādijj | مِنَ الْبَنْزِينِ الْعَادِيِّ |
|   Super. | mina l-bansīni l-mumtās | مِنَ الْبَنْزِينِ الْمُمْتَازِ |
|   Diesel. | mina d-dīsil | مِنَ الدِّيزِلِ |
| Volltanken, bitte. | imla l-chassān min fadlika | اِمْلَإِ الْخَزَّانَ مِنْ فَضْلِكَ |

### Unfall

| | | |
|---|---|---|
| Hilfe! | an-nadschda | اَلنَّجْدَةَ! |
| Rufen Sie bitte schnell … | utlub bi-suraa min fadlika … | أُطْلُبْ بِسُرْعَةٍ مِنْ فَضْلِكَ … |
|   einen Krankenwagen. | sajjārat isāf | سَيَّارَةَ إِسْعَافٍ |
|   die Polizei. | asch-schurta | اَلشُّرْطَةَ |
|   die Feuerwehr. | al-itfäijja | اَلْإِطْفَائِيَّةَ |
| Es war meine/Ihre Schuld. | anā/anta l-masūl an wuquī l-hādit | أَنَا / أَنْتَ الْمَسْؤُولُ عَنْ وُقُوعِ الْحَادِثِ |

# SPRACHFÜHRER ARABISCH

## ESSEN

|  |  |  |
|---|---|---|
| Wo gibt es hier ... | ajna jūdschad hunā ... | أَيْنَ يُوجَدُ هُنَا ... |
| ein gutes Restaurant? | matam dschajjid | مَطْعَمٌ جَيِّدٌ؟ |
| ein nicht zu teures Restaurant? | matam mutadilu l-asār | مَطْعَمٌ مُعْتَدِلُ الأَسْعَارِ؟ |
| Gibt es hier eine gemütliche Kneipe? | hal tudschad hunā hāna murīha | هَلْ تُوجَدُ هُنَا حَانَةٌ مُرِيحَةٌ؟ |
| Reservieren Sie uns bitte für heute abend einen Tisch für 4 Personen. | ihdschis lanā min fadlika tāwila li-arbaat aschchās hāḏā l-masāa | اِحْجِزْ لَنَا مِنْ فَضْلِكَ طَاوِلَةً لِأَرْبَعَةِ أَشْخَاصٍ هَذَا الْمَسَاءَ |
| Auf Ihr Wohl! | fī sihhatika | فِي صِحَّتِكَ! |
| Bezahlen, bitte. | al-hisāb min fadlika | اَلْحِسَابَ مِنْ فَضْلِكَ |
| Hat es geschmeckt? | hal kāna t-taām tajjib | هَلْ كَانَ الطَّعَامُ طَيِّبًا؟ |
| Das Essen war ausgezeichnet. | kāna t-taām mumtās | كَانَ الطَّعَامُ مُمْتَازًا |

## ÜBERNACHTUNG

|  |  |  |
|---|---|---|
| Können Sie mir bitte ... empfehlen? | hal mina l-mumkin an turschidanī ilā ... | هَلْ مِنَ الْمُمْكِنِ أَنْ تُرْشِدَنِي إِلَى ... |
| ein gutes Hotel | funduq dschajjid | فُنْدُقٍ جَيِّدٍ؟ |
| eine Pension | nusul/bansjōn | نُزُلٍ / بَنْسْيُونٍ؟ |
| Haben Sie noch Zimmer frei? | hal ladajkum rurfa ... | هَلْ لَدَيْكُمْ غُرْفَةٌ ...؟ |
| ein Einzelzimmer | rurfa li-schachs wāhid | غُرْفَةٌ لِشَخْصٍ وَاحِدٍ |
| ein Zweibettzimmer | rurfa li-schachsajn | غُرْفَةٌ لِشَخْصَيْنِ |
| mit Bad | fīhā hammām | فِيهَا حَمَّامٌ |
| für eine Nacht | li-lajla wāhida | لِلَيْلَةٍ وَاحِدَةٍ |
| für eine Woche | li-usbūi | لِأُسْبُوعٍ |
| Was kostet das Zimmer mit ... | kam tukallif al-rurfa ... | كَمْ تُكَلِّفُ الْغُرْفَةُ ... |
| Frühstück? | maa l-futūr | مَعَ الْفُطُورِ؟ |
| Halbpension? | maa wadschbatajn | مَعَ وَجْبَتَيْنِ؟ |

## PRAKTISCHE INFORMATIONEN

### Arzt

| | | |
|---|---|---|
| Können Sie mir einen guten Arzt empfehlen? | hal tastatīu an tuschīra alajja bi-tabīb | هَلْ تَسْتَطِيعُ أَنْ تُشِيرَ عَلَيَّ بِطَبِيبٍ؟ |
| Ich habe hier Schmerzen. | aschur bi-ālām hunā | أَشْعُرُ بِآلَامٍ هُنَا |

### Bank

| | | |
|---|---|---|
| Wo ist hier bitte eine Bank? | ajna jūdschad hunā masrif min fadlika | أَيْنَ يُوجَدُ هُنَا مَصْرِفٌ مِنْ فَضْلِكَ؟ |
| Ich möchte ... | urīd an uhawwil ... | أُرِيدُ أَنْ أُحَوِّلَ ... |
| ... DM | ... mina l-mārki l-almānijji | ... مِنَ الْمَارْكِ الْأَلْمَانِيِّ |
| ... Schilling | ... mina sch-schilinr | ... مِنَ الشِّلِنْغْ |
| ... Schweizer Franken | ... mina li-fränk as-siwīsrijji | ... مِنَ الْفْرَانْكْ السُّوِيْسْرِيِّ |
| in ... wechseln. | ilā ... | إِلَى ... |

## Zahlen

| | | | | | |
|---|---|---|---|---|---|
| 0 | sifr | صِفْرٌ – ٠ | 16 | sitta aschra | سِتَّ عَشْرَةَ – ١٦ |
| 1 | wāhid | وَاحِدٌ – ١ | 17 | saba aschra | سَبْعَ عَشْرَةَ – ١٧ |
| 2 | itnān | إِثْنَانِ – ٢ | 18 | tamānī aschra | ثَمَانِي عَشْرَةَ – ١٨ |
| 3 | talāta | ثَلَاثَةٌ – ٣ | 19 | tisa aschra | تِسْعَ عَشْرَةَ – ١٩ |
| 4 | arbaa | أَرْبَعَةٌ – ٤ | 20 | ischrūn | عِشْرُونَ – ٢٠ |
| 5 | chamsa | خَمْسَةٌ – ٥ | 30 | talātūn | ثَلَاثُونَ – ٣٠ |
| 6 | sitta | سِتَّةٌ – ٦ | 40 | arbaūn | أَرْبَعُونَ – ٤٠ |
| 7 | saba | سَبْعَةٌ – ٧ | 50 | chamsūn | خَمْسُونَ – ٥٠ |
| 8 | tamānija | ثَمَانِيَةٌ – ٨ | 60 | sittūn | سِتُّونَ – ٦٠ |
| 9 | tisa | تِسْعَةٌ – ٩ | 70 | sabūn | سَبْعُونَ – ٧٠ |
| 10 | aschra | عَشْرَةَ – ١٠ | 80 | tamānūn | ثَمَانُونَ – ٨٠ |
| 11 | ihdā aschra | إِحْدَى عَشْرَةَ – ١١ | 90 | tisūn | تِسْعُونَ – ٩٠ |
| 12 | itnatā aschra | إِثْنَتَا عَشْرَةَ – ١٢ | 100 | mia | مِئَةٌ – ١٠٠ |
| 13 | talāt aschra | ثَلَاثَ عَشْرَةَ – ١٣ | 1000 | alf | أَلْفٌ – ١٠٠٠ |
| 14 | arbaa aschra | أَرْبَعَ عَشْرَةَ – ١٤ | 10000 | aschrat ālāf | عَشْرَةُ آلَافٍ – ١٠٠٠٠ |
| 15 | chamsa aschra | خَمْسَ عَشْرَةَ – ١٥ | | | |

# SPRACHFÜHRER ARABISCH

قَائِمَةُ الطَّعَامِ

qāimatu t-taām

**Speisekarte**

| FRÜHSTÜCK | futūr | فُطُورْ |
|---|---|---|
| Fladenbrot | rarīf | رَغِيفْ |
| Brot | chubs | خُبْزْ |
| Toast | tōst/chubs muqammar | تُوسْتْ/خُبْزْ مُقَمَّرْ |
| weichgekochtes Ei | bajda nisf maslūqa | بَيْضَةٌ نِصْفْ مَسْلُوقَه |
| hartgekochtes Ei | bajda maslūqa | بَيْضَةٌ مَسْلُوقَه |
| Spiegeleier | bajd maqlī | بَيْضْ مَقْلِي |
| Butter | subda | زُبْدَه |
| Käse | dschubn | جُبْنْ |
| Schafs~ | dschubn min labani l-ranam | جُبْنْ مِنْ لَبَنِ الْغَنَمْ |
| Weich~ | dschubn tarijj/ dschubn lajjin | جُبْنْ طَرِيٌّ/جُبْنْ لَيِّنْ |
| Ziegen~ | dschubn min labani l-māis | جُبْنْ مِنْ لَبَنِ الْمَاعِزْ |
| Wurst | sudschuq | سُجُقْ |
| Honig | asal | عَسَلْ |
| Marmelade | murabba | مُرَبَّى |
| Joghurt | laban sabādī | لَبَنْ زَبَادِيْ |
| Omelett | udschdscha | عُجَّه |

| VORSPEISEN | muqabbilāt | مُقَبَّلَاتْ |
|---|---|---|
| Meze – verschiedene Vorspeisen | massa munawwaa | مَزَّةٌ مُنَوَّعَه |
| gegrillte Garnelen | dschambarī maschwī | جَمْبَرِي مَشْوِي |

| **ZWISCHENMAHLZEITEN** | wadschabāt chafīfa | وَجَبَاتٌ خَفِيفَةٌ |
|---|---|---|
| Falafil | falāfil | فَلَافِلْ (Orient) |
| Leber-Sandwich | sandawīsch kibda | سَنْدَوِيشْ كِبْدَه |
| Kebab | kabāb | كَبَابْ |
| Pferdebohnen-Gericht | fūl mudammas | فُولْ مُدَمَّسْ (Orient) |
| Würste | naqāniq | نَقَانِقْ |
| Feingebäck | fatāir | فَطَائِرْ |

| **HAUPTMAHLZEITEN** | wadschabāt raīsijja | وَجَبَاتٌ رَئِيسِيَّةٌ |
|---|---|---|
| Couscous mit Lammfleisch | kuskusī bilahmi l-charūf | كُسْكُسى بِلَحْمِ الخَرُوفْ (Maghreb) |
| Fleischbraten | lahm muhammar | لَحْمٌ مُحَمَّرْ |
| gegrilltes Fleisch | lahm maschwī | لَحْمٌ مَشْوِي |
| gegrillter Fisch | samak maschwī | سَمَكْ مَشْوِي |
| Hackbraten | kifta | كِفْتَه |
| gebackenes Hähnchen | dadschādsch fī l-furn | دَجَاجٌ فِي الفُرْنْ |
| Mulukiyya mit Tauben | mulūchijja bi-l-hamām | مُلُوخِيَّه بِالحَمَامْ (Ägypten) |
| Nudelauflauf | makrūna fī l-furn | مَكْرُونَه فِي الفُرْنْ (Orient) |

| **GEMÜSE** | chudar/chudār | خُضَرْ/خُضَارْ |
|---|---|---|
| Reis | russ | رُزْ |
| Kartoffeln | batātā | بَطَاطَا |
| Nudeln | makrūna | مَكْرُونَه |

| **SUPPEN** | schurba / hasā | شُرْبَه / حَسَاءْ |
|---|---|---|
| Gemüsesuppe | schurbat chudar | شُرْبَةْ خُضَرْ |
| Fischsuppe | schurbat samak | شُرْبَةْ سَمَكْ |

# SPRACHFÜHRER ARABISCH

| **SALATE** | salata | سَلَطَةٌ |
|---|---|---|
| grüner Salat | salatat chadra | سَلَطَةٌ خَضْرَه |
| Tomatensalat | salatat tamātim | سَلَطَةٌ طَمَاطِمْ |
| Tabulla | tabbūla | تَبُّولَه *(Libanon)* |

| **OBST UND SÜBSPEISEN** | fawākih wa-halāwā | فَوَاكِه وَحَلَاوَى |
|---|---|---|
| Orangen | burtuqāl | بُرْتُقَالْ |
| Äpfel | tuffāh | تُفَّاحْ |
| Birnen | idschdschās | إِجَّاصْ |
| Granatäpfel | rummān | رُمَّانْ |
| Feigen | tīn | تِينْ |
| Kaktusfeigen | tīn schawkī | تِينْ شَوكِي |
| Pfirsiche | chawch / durrāq | خَوخْ / دُرَّاقْ *(Syrien)* |
| Aprikosen | mischmisch | مِشْمِشْ |
| Mango | mandscha | مَنْجَه |
| frische Datteln / getrocknete Datteln | balah / tamr | بَلَحْ / تَمْرْ |
| Trauben | inab | عِنَبْ |
| Maulbeeren | tūt | تُوتْ |
| Melonen | battīch | بَطِّيخْ |
| Quitten | safardschal | سَفَرْجَلْ |
| Baklawa | baqlāwa | بَقْلَاوَه |
| Keks-Feingebäck | kak | كَعْكْ |
| Basbousa | basbūsa | بَسْبُوسَه *(Ägypten)* |
| verschiedenartige, sehr schmackhafte orientalische Süßigkeiten | halawijjāt schāmijja | حَلَوِيَّاتْ شَامِيَّه |

# قَائِمَةُ المَشْرُوبَاتِ
## qāimatu l-maschrūbāt
## **Getränkekarte**

| | | |
|---|---|---|
| Tee mit Milch / mit Zitrone | schāj bi-l-halīb / bi-l-lajmūn | شَايٌ بِالحَلِيبِ / بِاللَّيْمُونْ |
| Tee mit Minze | schāj bi-n-nanā | شَايٌ بِالنُّعْنَاعْ *(Nordafrika)* |
| schwarzer Kaffee | qahwa bilā halīb | قَهْوَةٌ بِلَا حَلِيبْ |
| Kaffee mit Milch | qahwa bi-l-halīb | قَهْوَةٌ بِالحَلِيبْ |
| arabischer Kaffee | qahwa arabijja | قَهْوَةٌ عَرَبِيَّهْ |
| arabischer Kaffee mit Kardamom | qahwa arabijja bi-l-hāl | قَهْوَةٌ عَرَبِيَّةٌ بِالهَالْ |
| Kaffee mit Orangenblütenwasser | qahwa (bimāi) as-sahr | قَهْوَةٌ (بِمَاءِ) الزَّهْرْ *(Tunesien)* |
| kalte / warme Milch | halīb bārid / sāchin | حَلِيبٌ بَارِدْ / سَاخِنْ |
| | | |
| Limonade | limōnāda | لِيمُونَادَهْ |
| Mineralwasser | mā madanī | مَاءٌ مَعْدَنِي |
| Orangensaft | asīr burtuqāl | عَصِيرُ بُرْتُقَالْ |
| Karottensaft | asīr dschasar | عَصِيرُ جَزَرْ |
| Mangosaft | asīr mandscha | عَصِيرُ مَنْجَهْ |
| Zuckerrohrsaft | asīr qasabi s-sukkar | عَصِيرُ قَصَبِ السُّكَّرْ *(Ägypten)* |
| | | |
| Wein | chamr/nabīd | خَمْرْ/نَبِيدْ |
| Rosé~ | nabīd rōsē | نَبِيدْ رُوزيهْ |
| Rot~ | nabīd ahmar | نَبِيدْ أَحْمَرْ |
| Weiß~ | nabīd abjad | نَبِيدْ أَبْيَضْ |
| Bier | bīra | بِيرَةْ |